1990年のCBS・ソニー

稲垣博司

MdN新書
051

はじめに

本書は、松田聖子、尾崎豊、ＸＪＡＰＡＮを中心とした日本を代表するアーティスト、そしてＣＢＳ・ソニーというレーベルについて叙述したものです。

日本が米国についでＧＮＰ第二位になった一九六八年、ソニー株式会社と米国ＣＢＳとの合弁契約に基づき設立されたＣＢＳ・ソニーレコード株式会社ですが、現在は複数あったレーベル、ビジネスグループ、関連会社を吸収合併・商号変更する形でソニーミュージックグループとなっています。「レコード特信」の発表によると二〇二一年の通期売り上げでソニーミュージックが三五八二億円。九八四億円のエイベックス、八二二億円のユニバーサルミュージックに差をつけ、日本国内一位のシェアを誇っています。

二〇二三年四月に発表された二二年度の連結売上高は一一兆五三九八億円、連結営業利益は一兆二〇八二億円といずれも過去最高を更新しています。とくにゲーム、ネットワーク、音楽、映画事業のすべてが増収増益を見込んでおり、今後も成長セクターとして積極的に展開していくのでしょう。

また、就活生を対象にした就職人気企業ランキングによるとソニーミュージックグループは、総合ランキングの一位に輝いているようです（楽天みん就「２０２４年卒　新卒就職人気企業ランキング　総合ランキング」より）。

私は一九七〇年にＣＢＳ・ソニーレコードに入社し、レコードの販売促進、アーティストの新人発掘、育成の現場から代表取締役を経て九八年にワーナーミュージック・ジャパンの代表取締役会長に就任します。その後も音楽業界に籍を置き現在に至るのですが、一貫してきたことは、アーティストたちの才能をどう世に出すか、世に出た才能をいかに大きく開花させ持続させるかでした。

〝オン・ステージ〟の人間ではなく、レコードやチケットを買ってくれるユーザーでもない、この両者をつなぐブリッジである〝バック・ステージ〟の人間ができることは何か、を考え続けてきたミュージックマン人生でした。

そんな〝バック・ステージ〟の人間である私が本書を書こう思った理由は三つあります。

一つは、CBS・ソニーにおいて個々のアイドルをプロデュースした若松宗雄さん、酒井政利さんが書かれた本はありますが、これまでに三〇〇組以上ものアーティストを輩出したソニー・ミュージックエンタテインメントの新人発掘・育成について書かれた本がないこと。また、EPICソニーをテーマにした本はあるものの兄貴分であるCBS・ソニーについてまとめたものがないことです。

そして、二つ目。私は本来、CBS・ソニーについて本を執筆するならば、今日のソニー・ミュージックエンタテインメントを築き上げた小澤敏雄さん（元CBS・ソニー社長、ソニー・ミュージックエンタテインメント会長）か、松尾修吾さん（元ソニー・ミュージックエンタテインメント代表取締役社長、会長）がふさわしいと思っていたのですが、お二人とも鬼籍に入られてしまいました。当時の事業や思いを知る人間が私以外この世にいなくなってしまったということです。

三つ目は、CBS・ソニーが現在のソニーミュージックグループの前身として伸びたきっかけとなる、自社によるアーティストの新人開発（ＳＤ事業）と躍進の経緯についてきちんと形にのこしておきたいと思ったことです。

私が社会人になった六〇年代の音楽シーンは、グループ・サウンズが席巻していました。七〇年代は歌謡曲に、また別の流れでは関東のカレッジ・フォーク、関西のアングラ・フォーク、ニューミュージック、そしてロックから八〇年代のアイドル、ポップスへと変遷していきます。

ＳＤ事業も私から次世代へバトンタッチしていきますが、キャラクター・グッズ事業、広告事業などにも従事し、主にマーケティングを強化させた佐藤至亮《よしあき》さんの時代にはレベッカや聖飢魔Ⅱが生まれます。洋楽宣伝、洋楽ディレクターとして、エアロスミスやクラッシュ、ジャニス・イアン、チープ・トリックなど数多くのアーティストを手がけた野中規雄さんの時代にはジュディ・アンド・マリーを、同じく洋楽部門でビリー・ジョエルを担当した喜久野俊和さんの時代にはポルノグラフィティを世に出すなど、時代とリスナーのニーズに沿い、新しい才能を生み出すＣＢＳ・ソニーの「血脈」が絶えることはありません。

本書のタイトルにある一九九〇年。この年、松田聖子はアルバム「Ｓｅｉｋｏ」で全米デビューを図ります。尾崎豊はCBS・ソニーに再移籍し、本書の対談に登場いただいた川添象郎さんプロデュースのアルバム「誕生」を発表、再起を懸けます。メジャーデビューを果たしたX JAPANは精力的にシングルを発表しビジュアル系ロックバンドの地位を確立していきます。

アーティストたちの挑戦、わだち、そして時代を席巻したレーベルの軌跡は決して過去の栄光ではありません。彼ら彼女らの想いはこれからも受け継がれていくことでしょう。

本書はそんなミュージックマン生活六〇年の著者が、エンターテインメント業界への愛と感謝を込めて記すものです。八〇年代から九〇年代における音楽シーンの熱狂や変動をご一緒に感じていただけると幸いです。

１９９０年のＣＢＳ・ソニー――目次

第三章　YOSHIKI世界への飛躍

第四章　尾崎豊「誕生」アネクドート

第一章

松田聖子 無二の奇跡

関係者を驚嘆させた歌声

日本で新型コロナウイルス感染症の流行が拡大した二〇二〇年四月、松田聖子がデビュー四〇周年を迎えました。

一九八〇年代に起こった、空前のアイドルブーム。その扉を開けた、言わずと知れた女性アイドルのトップランナーです。

四〇周年の翌年の三月一〇日には六〇歳の節目を迎えましたが、還暦をすぎた現在も全国ツアーやディナーショーを敢行するなど、現役のアイドルであり続けているのは、喜びに堪えません。

私が芸能プロダクションである渡辺プロダクション（以下：ナベプロ）の制作部を経て、CBS・ソニーレコード（現：ソニー・ミュージックエンタテインメント、以下：CBS・ソニー）に入社したのが、一九七〇年の一月。そこから九八年三月にワーナーミュージック・ジャパン（以下：ワーナー）に移るまで、あまたのアーティストを見てきましたが、ひときわ印象に残るのが聖子です。

聖子は、まさにアイドルになるために生まれてきたような天賦の才がありました。既存のアイドルにはない、類《たぐい》まれなる声質に恵まれていたのです。とりわけ中高音の響きがよく、彼女が持つ歌唱力と表現力も相まって、聴く者すべてを魅了しました。

声量も特筆すべきものがありました。あれは確か、聖子が地元・福岡県久留米《くるめ》市から上京してきた一九七九年の夏ごろだったと思います。東京・新宿区南元町新助坂《みなみもとまちしんすけざか》のCBS・ソニー信濃町スタジオ（二〇〇一年に閉鎖）で彼女に生《なま》で歌わせる機会があったのですが、いざ歌い出したら、音圧を示すVU計（音量感を計測するため測定器）の針がビーンと振れたのです。声の圧力が強く、よく通ることを示していました。

しかも、その声は若干ハスキーでした。ハスキーなのに、音圧がすごい。後述する「ミスセブンティーン」オーディションの九州予選大会で聖子が歌った桜田淳子《じゅんこ》の「気まぐれヴィーナス」の音源は聴いていましたが、カセットテープで聴いた、それとはまったく違う。

「これは類まれなる声だ」、「必ず売れる」。そう手ごたえを感じたことを覚えています。

長らくレコード業界で働いていると、聖子のように、ひと目見た瞬間、「この子は売れる！」と感じる子がいます。そういう子は、やはり売れていきます。しかし、最初はその魅力がわからなくても、途中で大化けする子もいました。私にとっては、山口百恵がそうでした。

百恵は、七三年五月にシングル「としごろ」でデビューしました。当時、爆発的な人気を誇っていた日本テレビのオーディション番組「スター誕生！」の出身。その後、同番組出身で、一足早くデビューしていた同じ学年の森昌子、桜田淳子とともに「花の中三トリオ」と呼ばれ、人気となりました。

しかし、デビュー曲は、スタッフが期待していたほどセールスが伸びず、二曲目の「青い果実」（七三年九月）でイメージチェンジを図ることになりました。ちょっとエッチで大胆な歌詞を歌うように切り替えて成功したのです。

「青い果実」を歌った時、彼女はまだ一四歳でしたが、「この仕事でやっていく」という覚悟ができていたように思います。覚悟を胸に歌っていたから、そんな性的な歌詞を歌っていても下劣にならない。その極みが、七四年六月に発売された「ひと夏の経験」（作詞は、千家《せんけ》和也。作曲は都倉俊一という「青い果実」と同じコンビ）でした。

「あなたに女の子の一番　大切なものをあげるわ」と処女喪失を歌う、七〇年代当時としては強烈すぎる歌詞でしたが、百恵が歌うと、その決意の潔さだけが伝わって、清らかささえ感じたものです。

本人にも不思議な個性がありました。私と百恵でスタッフを待っていた時のことです。会議室で二人きりになったので、会話を切り出したのですが、普通なら、目上の私に対して彼女が気を遣い話の接《つ》ぎ穂《ほ》を探すところ、ただただ静かに微笑《ほほえ》んでいるだけなのです。私は手のひらに、じっと汗がにじむのを感じました。完全に気おされている。気づくと私のほうから、必死で話しかけていました。百恵には、そうした何とも言えない、妙な押し出しがありました。

歌手として成功する少女に共通する圧倒的な意欲

そして、ある時点から急に歌がうまくなりました。うまくなったというよりも、歌を自分でコントロールできるようになったのです。

そのきっかけは、七六年六月に発売された「横須賀ストーリー」でした。作詞は、阿木燿子。作曲は、阿木の夫で、ダウン・タウン・ブギウギ・バンドを率いる宇崎竜童。七五年に「港のヨーコ・ヨコハマ・ヨコスカ」が大ヒットしたばかりの、人気バンドのリーダーです。

それまで、アイドルや歌謡曲に楽曲を提供したことのないコンビによる、この「横須賀ストーリー」は、セールス八一万枚と大ヒットし、山口百恵の黄金時代の幕開けを飾りました（売り上げ枚数は、これ以降すべて音楽ヒット・チャート情報誌「オリジナルコンフィデンス（以下：オリコン）」調べ）。

ある時、百恵が所属していたホリプロダクション（現：ホリプロ）のマネージャーだった小田信吾さん（のちに同社会長）に「なぜ阿木、宇崎コンビを？」と尋ねたら、「彼女（百恵）が自ら夫妻を指名した」と答えてくれたことがありました。「本人がそう言うならば」と起用したそうです。若手の作家なら、まずアルバム用に詞や曲を書いてもらって様子を見るというのが当時のパターンだったため、一曲アルバム曲を作ってもらい、それが「横須賀ストーリー」としてシングルになった、とのことでした。

当時、まだ一〇代半ばなのに、自分の長所と短所、足りない部分を知っていたのでしょう。レコード会社の分析ではわからなかったことを、本能で感じ取っていたのだと思います。百恵も、出来上がった「横須賀ストーリー」をいたく気に入り、だからこそ、表現力が向上し、歌詞への説得力も増しました。その後、阿木と宇崎のコンビは、百恵にシングル一二作品を提供。一九八〇年の引退まで、百恵のことを支え続けてくれました。

一方の聖子は、最初こそ垢抜けない印象で、「華がない」などと言われていましたが、蓋を開けたら、その類まれなる歌声はもとより、ルックス、仕草や振る舞いなど、アイドルが売れるために必要なものをすべて持っていました。

加えて〝俗っぽさ〟も持ち合わせていました。百恵の神秘性とは真逆に位置する大衆性です。聖子は、大衆が求める娯楽を体現していたのです。

私見ですが、昭和の歌姫・美空ひばりも、歌唱力や華々しさに加えて、この〝俗っぽさ〟があったように思います。

そして、何より聖子には「自分はこうしたい」、「こうなりたい」という強烈な意欲がありました。後述しますが、両親にデビューを反対された際も「絶対歌手になる」という揺るぎない信念と、芯の強さを感じました。そうした意欲を、いくつになっても持ち続けているところが、本人を突き動かすモチベーションになっていたのではないでしょうか。

さらには、熾烈を極めたプライベート報道や度重なるバッシングを乗り越える人間としての強さが、彼女のモチベーションを支え続けている。

現在もなお、アイドルとしてステージに立ち、歌い続ける彼女の姿を見るにつけ、つくづくそう感じます。

百恵が、よくありがちな復帰もせず、主婦として完全に引退生活を続けている姿にも感服します。改めて感じ入るのは覚悟の強さ。社会人としても、人間としても、最後に勝つのは、強烈な意欲を持ち続けた人間、覚悟のできている人間なのでしょう。

アイドルブームはいつから始まったのか

振り返れば、日本の本格的なアイドルブームは、百恵が活躍した一九七〇年代に始まりました。

一九七一年六月にシングル「17才」で南沙織が、同年一〇月に「水色の恋」で天地真理がデビュー。続いて「としごろ」で、先の山口百恵が、七三年九月には「あなたに夢中」でキャンディーズが、七六年八月には「ペッパー警部」でピンク・レディーがデビューしました。

男性も郷ひろみ、西城秀樹、野口五郎から成る、いわゆる「新御三家」を筆頭に、一九六〇年代から活躍するフォーリーブスや、ザ・タイガースの解散以降もソロ歌手としてヒット曲を世に送り出していた沢田研二。ほかにも、にしきのあきら（現：錦野旦《あきら》）、フィンガー5らが次々と登場し、人気を競いました。文字どおり、アイドル百花繚乱の時代でした。

中でも、国民的アイドル「真理ちゃん」として人気を得た天地と爆発的なヒットを放ち、社会現象にまでなったピンク・レディーは、女性アイドルでは群を抜いていました。そして、「新御三家」の三人と、七七年「勝手にしやがれ」で「第19回日本レコード大賞」を受賞した沢田が、七〇年代を象徴する男性アイドルと言っていいでしょう。

しかし、一九七〇年代の末に、時代の転機が一気に訪れました。天地が休養を宣言したのです（七七年二月より二年半ほど休業、のちに復活）。また、七八年七月には、南が引退を発表します（同年一〇月に引退）。続いて、同年四月四日に後楽園球場で開催された「ファイナル・カーニバル」をもって、キャンディーズが解散しました。

また、ピンク・レディーが七九年の米国進出を機に少しずつ失速し始めたころ、百恵が三浦友和との婚約により引退を発表。百恵は、翌年の一九八〇年一〇月五日の日本武道館でのファイナルコンサートを最後に、マイクを置きました（ピンク・レディーも、八一年三月三一日に解散）。

男性アイドルも、沢田を筆頭に「新御三家」がアイドルから大人の歌手へと方向性をシフトしていきます。七八年八月には、フォーリーブスも解散しました。フィンガー5も、紆余曲折あって表舞台から姿を消し、にしきのもスキャンダルに見舞われると、俳優業へと活路を見出すようになったのです。

こうした流れもあって、一九七〇年代に隆盛を誇ったアイドルの時代は、終焉を迎えたかに見えました。

そうした時代に、さっそうと現れた天性のアイドルが松田聖子でした。

七〇年代アイドルたちの足跡

先のフォーリーブス、にしきの、郷、南と天地、そして百恵は、すべてＣＢＳ・ソニーの所属アーティストでした。聖子の話の前に、七〇年代を代表するアイドルの足跡を少し振り返ってみましょう。

フォーリーブスは、ＣＢＳ・ソニーの国内契約第一号アーティストで、所属は、ジャニーズ事務所でした。ジャニーズ事務所とは、私が渡辺プロダクションにいた時代から付き合いがありました。当時、ジャニーズ事務所はナベプロと提携していて、兄弟会社のような関係だったのです。ナベプロは、当時はやったジャズ喫茶の仕込みを担当していましたが、そのジャズ喫茶に、ジャニーズをブッキングしていました。

〝ジャニーズ〟とは、一九六二年四月に結成され、ジャニーズ事務所から初めてデビューした四人組のアイドル・グループのことです。メンバーには、のちに俳優として活躍する青井輝彦（現：あおい輝彦）らがいました。

そのジャニーズのメンバーを発掘してきたのが、六四年にジャニーズ事務所を設立したジャニー喜多川さんです。どこにいても目立つアメ車のクライスラーに乗っていて、もともとは米軍関係の仕事に従事する軍属だったためか、外交官ナンバーを付けていました。その車にジャニーズを乗せて、各地のジャズ喫茶を飛び回っていました。ジャニーさんは、当たりはソフトでしたが、発想は外国人でした。それは、姉のメリー喜多川さんも同じでした。アーティストの衣装一つとっても、斬新で格好よく、「それ、どこで買ったの」と、いつも感心するほど、当時の日本では最先端のファッションを取り入れていました。

フォーリーブスは、ジャニーズが解散した六七年の翌年の六八年九月に、シングル「オリビアの調べ」でレコードデビュー。大ヒットこそなかったものの、「地球はひとつ」（七一年一一月）や「ブルドッグ」（七七年六月）などのヒット曲を放ち、ジャニーズ事務所の隆盛の礎を築きました。「ブルドッグ」などは、令和になった今もジャニーズＪｒ．に歌い継がれています。

ジャニーズ事務所と郷ひろみ

ジャニーズといえば、郷ひろみもまた、デビュー当初はジャニーズ事務所の所属でした。六八年三月のCBS・ソニー設立後、五年目となる七二年に私たちが掲げた一つの方針は、「男性アイドルの確立」でした。後述する南沙織と天地真理が大成功を収めていたため、その勢いを男性にも広げようという目論みです。

まず、同年四月に伊丹幸雄がシングル「青い麦」でデビュー。続いて八月に「男の子女の子」でデビューを飾ったのが、郷でした。初めて会った時に、「なんてかわいい子だろう」と驚きました。そして、郷を見つけてきたジャニーさんの慧眼《けいがん》に恐れ入りました。声については、「音域が狭いかな」と感じましたが、「その声も個性的でいい」と評価した記憶があります。

郷の制作は、日本コロムビアを退社し、CBS・ソニーに移ってきた酒井政利さんが担当しました。酒井さんは、郷のほか南沙織、山口百恵らの育ての親として知られる名うてのディレクターです。もちろん、ジャニーさんと、メリーさんと強力な連携を取りながら進めました。

デビュー曲から一連の楽曲の作詞には、岩谷時子（越路吹雪「愛の讃歌」、ザ・ピーナッツ「恋のバカンス」、加山雄三「君といつまでも」など）。作曲には、いしだあゆみの「ブルー・ライト・ヨコハマ」や尾崎紀世彦の「また逢う日まで」など、ヒットメーカーの名をほしいままにしていた筒美京平を起用。当時、洋楽ではやっていたバブルガム・ミュージックを意識しながら、派手な振り付けを伴うダンス・ミュージックでもありました。

当時の郷は、歌手というよりはマルチタレント寄りで、歌だけではなく、ドラマもバラエティーでも魅力を発揮していました。かっこいいのに、ちょっとドジだったり、笑えたりする役も平気でこなす。その柔軟さ、器用さは、現在のアイドルにも通じるものがあると思います。

七〇年代からあったアイドルの移籍問題

人気がうなぎ登りの郷に移籍問題が起こったのが、七五年のことでした。ジャニーさんは、郷のことを目の中に入れても痛くないほどかわいがっていて、同時に、二人三脚での世界進出を強く意識していました。郷を一ヶ月ほどサンフランシスコやラスベガスに連れて行き、現地で本場のショーを見せるなど、育成にも力を注いでいました。

ところが、郷にはその愛情が重すぎたのか、バーニングプロダクション（以下：バーニング）の小口健二さん（のちにフロム・ファーストプロダクションを設立）を頼って、そのバーニングへと電撃移籍したのです。

この時、両者とかかわっていた私は、完全に股裂き状態に陥りました。さらには、メリーさんが渡辺プロダクションの渡辺晋《しん》社長に抗議をし、プロダクションで構成する音楽事業者協会（音事協）でも大きな問題に発展しました。今でこそ、バーニングは強大な勢力を誇る大手ですが、当時は中堅プロダクションの一つでした。

「おまえがいながら、なぜソニーは移籍を認めたんだ。郷がジャニーズをやめるなら、それなりの補償をしなければならない」。立った波風は、あまりにも大きく、メリーさんから調停を頼まれた晋社長から、私はつるし上げられました。バーニングの周防邦雄社長より、かつて部下だった私のほうが、ものを言いやすい。幸いなことに、この移籍問題は、ほどなくして収まりましたが、それまでは串刺しの状態が続きました。晋社長と、田辺エージェンシーの田邊昭知さんを仲介役とし、メリーさんとの話し合いが行われ、何とか解決したのです。

しかし、七九年には、その渡辺プロダクションから森進一が独立するという衝撃的な出来事が起こりました。七四年に「襟裳岬」で「第16回日本レコード大賞」を受賞するなど、名実ともに演歌の第一人者となった森が、ナベプロを退社し、自ら事務所を開くというではないですか。

その後、森は、宣言したとおり独立。さまざまな圧力が加えられましたが、地道にヒット曲を出すことで、地歩を固めていきました。

森の独立劇は、六〇年以降、エンタテインメント界で揺るぎない力を誇ってきた「ナベプロ帝国」の凋落を象徴するかのような異変でもありました。アーティストがその気になったら、誰にも止められない。彼ら彼女らにも意思がある。このころから、事務所と所属タレント、歌手の力関係が様変わりしていくことになります。

昨今、ジャニーズ事務所が、所属タレントの退所、移籍問題で揺れていますが、郷や森の移籍は、この流れの予兆だったと言えるかもしれません。

なお、郷のバーニング移籍後は、七五年に豊川誕《じょう》、七七年に川崎麻世と、ともにCBS・ソニーからデビュー。しかし、どちらも大成功には至らず、ジャニーズ事務所の復活は、七九年に始まったTBSの学園ドラマ「3年B組金八先生」に出演し、人気となった〝たのきんトリオ（田原俊彦、野村義男、近藤真彦）〟の登場を待たねばなりません。

販促の重点は紅白とレコード大賞

郷と、もう一人、忘れられない男性アイドルがいます。私がCBS・ソニーに入社した七〇年の五月、社が一押しで売り出した歌手が、にしきのあきらでした。にしきのは大分県の出身で、森進一と同様に、鹿児島県の名門キャバレー「エンパイア」で歌っていたところを、エンパイアの創業者である吉井勇吉社長から、ヒットメーカーの浜口庫之助《くらのすけ》さんに紹介し、上京しました。

しかし、その浜口先生が作詞、作曲したシングル「もう恋なのか」でデビューするも、なかなか火が付きませんでした。二枚目のシングル「愛があるなら年の差なんて」（七〇年九月）も、そこそこは売れましたが、大ヒットには結び付きませんでした。

そうした中、「もう恋なのか」がその後、着実にセールスを伸ばし、同年大晦日に行われた「第12回日本レコード大賞」で最優秀新人賞を受賞。さらには、同日に放送された「第21回ＮＨＫ紅白歌合戦」の初出場も射止めたのです。ヒットの陰には、当時の、にしきのの所属事務所であるリズムミュージックの敏腕マネージャー、今村公彦さんの尽力もありました。

にしきのが出した結果は、七〇年一月に、CBS・ソニーで企画制作2部販売促進課、つまりは邦楽宣伝部（洋楽は企画制作1部）に配属されたばかりの私にとって、大きな励みになりました。販促の重点を、「NHK紅白歌合戦」の出場と「日本レコード大賞」及び「日本歌謡大賞」の受賞におき、その実現に最大限の努力を払ってきたからです。まだ入社一年目。嬉しかった反面、ほっとしたというのが、正直なところではありました。

翌年の三月には、三枚目のシングル「空に太陽がある限り」が、三〇・八万枚の大ヒットを記録しました。それ以降は、「NHK紅白歌合戦」の出場と賞レースが、私の業務の主要な命題となっていきます。当時、「NHK紅白歌合戦」に出場することと、賞レースで各賞を受賞することは、レコード・セールスに大きな影響を与えたのです。にしきのの成功によって私は絶大な効果を確信しました。

にしきのは、バタ臭くて、どこか欧米人のような見た目から、このころにはブロマイドの売り上げもトップクラスになり、アイドルのような存在になっていました。

以後も高いアイドル人気を保持し、ヒット曲を放ちますが、七七年にそれまで連続出場していた「NHK紅白歌合戦」に落選。そこから、彼がさまざまなスキャンダルに見舞われたことが残念でなりません。

また、人気絶頂時の七二年に、韓国籍から帰化した在日韓国人であることを女性週刊誌にすっぱ抜かれたこともありました。にしきのも、それを認めました。私個人は、エンタテインメントという夢の世界にいる者にとって出自などは関係なく、それをわざわざ報じる価値はないと思いましたが、女性週刊誌は、世の読者の関心がある限り、言い換えれば需要がある限り、容赦なく書き続けます。それは、今の時代も変わりません。

シングルはヒットしてもアルバムは売れなかった

にしきのの「第12回日本レコード大賞」での最優秀新人賞受賞、「第21回NHK紅白歌合戦」初出場から半年後の七一年六月、「17才」デビューしたのが、南沙織でした。

CBS・ソニーが新たにデビューさせる素材を探していた中、南の出身地である沖縄県のテレビ番組にヒデとロザンナがゲスト出演。そのマネージャーが持ち帰った写真の片隅に写っていたアシスタントの少女（南）が、偶然、ソニー関係者の目に留まったことからデビューに至ったという逸話があります。

七八年一〇月に引退し、翌年には、写真家の篠山紀信と結婚。以降、目立った芸能活動を行っていないことから、伝説のアイドルとして、今もなお語り継がれています。

そして、南と同じ七一年の一〇月に「水色の恋」でデビューしたのが、天地真理でした。天地の特徴は、曲調がフォーク調だったことです。これは、制作のディレクターを、中曽根皓二さんが担当していたことに起因します。中曽根さんは、よしだたくろう（現：吉田拓郎）を、エレックレコードからCBS・ソニーに引き抜いたらつ腕ディレクターで、キャンディーズや渡辺真知子、五輪真弓らを担当していました。エレックレコードは、六九年設立。よしだや泉谷しげるらが在籍していたインディーズ・レーベルでした。

当時、社内では、ポップスを先の酒井さん、フォーク、ニューミュージックを中曽根さんという二枚看板でやっていました。ちなみに、酒井さんと私は仲がよく、親しみを込めて「酒井のエゴイスト」と呼んでいました。あまたのヒット曲を出してきたけれど、実は、結構な数の駄作もあったのです。

しかし、自己PRに長けているため、ヒット曲の印象ばかりが残る。だから「エゴイスト」。ただ、酒井さんは、嫌味がないから憎めない。人から相談を受けるとノーとは言えない、温かみのある人柄が魅力的でした。逆に、もう一人のCBS・ソニーの雄、中曽根さんは、まったく自己PRしない。酒井さんともどもレコード業界に果たした貢献度は大きいのに、いつも控えめな人でした。そうした中曽根さんのプロデュースのもと、天地は、デビュー曲の「水色の恋」、二曲目の「ちいさな恋」（七二年五月）、三曲目の「ひとりじゃないの」（七二年一〇月）と立て続けにヒットを放ち、今で言う〝国民的アイドル〟になりました。

もう一つ、天地の特徴は、アルバムが大いに売れたことです、アイドルという位置付けながら、アルバムのセールスがよかったことは、中曽根さんの手腕による部分が大きかったと思います。

当時のアイドルは、シングルはヒットしても、アルバムはあまり売れませんでした。ある程度、売れるようになったのは、八〇年代の前半。松田聖子と、八二年にデビューした中森明菜あたりからです。七〇年代は、コンサート活動が中心のフォーク、ニューミュージックの歌手のアルバムしか売れませんでした。

その点、天地はもともと、フォーク寄りのヤマハ振興会附属教室ヴォーカルコース出身。加えて、曲調もフォーキーだったため、オリコンの七二年度年間アルバムチャート一位となったファースト・アルバム「水色の恋／涙から明日へ」（七一年一二月）を代表に、アルバムもかなり売れて、社の売り上げに大きく貢献してくれました。このことは意外と軽視されていますが、もっと評価されてもいい、彼女の功績だと思います。

天地の売り出しについては、販促として文字どおり、東奔西走しました。熱気球を飛ばすなど予算もかかりましたが、とにかく話題になればと、本筋とはかかわりのないような試みもたくさんやりました。天地が所属していた渡辺プロダクションの菊地哲榮《あきひで》マネージャー（現：ハンズオン・エンタテインメント会長）と一緒になって、場所を問わず、屋外イベントをやたら展開していた時代でした。スタッフはみんな若かったし、毎日がお祭り騒ぎのようで楽しかったことを覚えています。

加えて、彼女が国民的アイドルに成長するために一役買ってくれたのが、TBSのプロデューサーで、演出家でもあった久世光彦《てるひこ》さんです。七〇年二月から始まった人気ホームドラマ「時間ですよ」シリーズの、第二シリーズに天地を出演させてくれました。ベランダでギターを弾いて持ち歌を歌うシーンまで作ってくれて、アーティストの認知には、飛躍的に役立ちました。行動力があり、押しが強かった菊地マネージャーのことです。久世さんには、ナベプロ側からアプローチしたのだと思います。

久世さんは、天地の後に、七三年四月「赤い風船」（CBS・ソニーの別レーベル、EPICレーベルからリリース）でデビューした浅田美代子でも力を貸してくれました。七八年には、郷ひろみもまた、久世さん演出のドラマ「ムー一族」に出演。挿入歌「林檎殺人事件」（七八年六月）を樹木希林《ききききりん》と歌い、ＴＢＳ「ザ・ベストテン」では自身初の一位を獲得しました。久世さんの後押しもあって、それぞれがスターへの階段を駆け上がって行きました。

ただ、天地は、アイドルとしてのカリスマ性はありましたが、歌唱力が少し細かったと思います。のちのアイドル、おニャン子クラブでもハロー！プロジェクトのアイドルグループでも人気のピーク後にソロ歌手として残っていくメンバーには、みんな歌唱力があります。キャラクターだけでは、なかなか生き残れません。

歌唱力で言うと、浅田も、お世辞にもうまくはありませんでしたが、彼女は、吉田拓郎との結婚、引退を挟んで、うまく女優へとシフトしました。しかし天地は、恋愛問題で体調を崩したこともあって、やがて凋落の時期を迎えることになるのです。

七七年二月には、一時、芸能活動を休止。本人の意向で二年後に復帰しましたが、復帰第一作となる「愛・つづれ織り」（七九年一二月）は、森田公一作曲、松本隆作詞という、社としても力を入れた楽曲だったものの、セールスは厳しかった。天地が休んでいる間に、社会状況も音楽シーンを取り巻く環境も変わっていたのです。

明けて八〇年の四月に、聖子がデビューしたのは、偶然ではないでしょう。新しいアイドルの時代が到来したのです。

アイドル松田聖子の誕生

アイドル時代の終わりを告げる事態に、設立してまだ間もない新興レコード会社であるCBS・ソニーの社内は大いに揺れました。中でも百恵の引退は、会社にとっては大打撃でした。「第二の百恵を探せ！」が、しばらく社内の合言葉になったほどです。

そうした中、一九八〇年四月一日、シングル「裸足の季節」でレコードデビューしたのが松田聖子でした。百恵の婚約・引退発表会見から、わずか二五日後のことです。

「裸足の季節」の作詞は三浦徳子、作曲は小田裕一郎。三浦は七七年に作詞家デビューし、翌年の七八年には、八神純子の「みずいろの雨」がヒット。小田もまた、七九年にサーカスに提供した「アメリカン・フィーリング」で注目された、まだ駆け出しの若手職業作家でしたが、聖子を担当した若松宗雄ディレクターが思い切って起用したのです。若松さんは、一九六九年にCBS・ソニーに入社した新米ディレクターでした。

既存のアイドルは、長らくCBS・ソニーを支えてきた酒井さんが、希代のヒットメーカーである筒美京平を起用して、次々とヒットを飛ばしていましたが、若松さんは、新鮮味を出すため、既存のアイドルに曲を提供していない作曲家を探していたのです。これは当時の宣伝担当だった西岡明芳君のセンスが大きな影響を与えていきます。

聖子のデビューを、さかのぼること二年の七八年四月。キャンディーズが後楽園球場で有終の美を飾った、その三日後。九州は福岡県の福岡市民会館にて、集英社とCBS・ソニーが主催する女性アイドルの登竜門「ミスセブンティーン」九州地区大会の優勝者が決まりました。

久留米信愛女学院二年に在籍していた彼女の名は、蒲池法子《かまちのりこ》。のちの松田聖子です。

CBS・ソニーは六八年の創業ですが、集英社の「週刊セブンティーン」も同じ年に創刊されました。期せずして誕生年が同じということで、CBS・ソニーの一〇周年記念事業として、集英社と共同で開催したオーディションが「ミスセブンティーン」でした。

デビュー当時の、聖子のキャッチフレーズは「抱きしめたい！ ミス・ソニー」。

ちなみに、先のにしきのあきらは「ソニー演歌の騎士（ナイト）」。社の一押しの新人につけるキャッチフレーズは、彼から始まりました。ほかには、南沙織は「ソニーのシンシア」、天地真理は「あなたの心の隣にいるソニーの白雪姫」、浅田美代子は「ソニーエンジェル」、郷ひろみは「ソニーのエース」、山口百恵は「大きなソニー、大きな新人」。当時は、キャッチフレーズに社名である「ソニー」が入るのが通例でした。当時、ソニーは、漫画家の阿部冬彦さん作画の「あっちゃん」をシンボルキャラクターとし、〝ソニー坊や〟と呼んでいました。販売促進課の松尾修吾さんが、そのやり方をレコードに導入し、新人の打ち出しに「ソニー」を入れたキャッチフレーズをつけたのです。

百恵の「大きなソニー」は、当時のソニーの新型テレビの発売に使われたキャッチコピーでした。当時、上り調子だった家電メーカー（現在は総合電機メーカー）のソニーの意向が、多少なりとも影響していました。

ナベプロ帝国とCBS・ソニー

ここで少し話を戻し、当時のレコード業界の話をしましょう。一九六八年三月、米国の放送コングロマリットであるCBSと日本の家電メーカーだったソニーが、五〇％ずつの出資比率の合併会社として誕生したレコード会社が、CBS・ソニーでした。

欧米諸国からの圧力を受けた政府は、外国企業が日本国内にその子会社や合併会社を作ったり、日本企業の株式を取得して経営に参加したりする、いわゆる「資本の自由化」を認めざるを得なくなり、その第一号として誕生したのが、CBS・ソニーだったのです。

この新しいレコード会社誕生のニュースは、新聞各紙が一面で報じるなど、音楽業界の枠を超え、社会的な事件として大々的に報じられました。

そのCBS・ソニーから、「わが社に来てくれないか？」という強い誘いがありました。大学を卒業後、新卒で渡辺プロダクションに入って、四年ほど経った時でした。

CBS・ソニーには、洋楽で言うと、「明日に架ける橋」などのヒット曲で知られるサイモン&ガーファンクルや、米国のボーカリスト、アンディ・ウィリアムら、そうそうたるアーティストたちが所属していました。一方の邦楽では、日本コロムビアのCBSレーベルを引き継ぎ、フォーク・グループのヴィレッジ・シンガーズ、金井克子らが所属していたものの、「売れている」と言えるのは、金井とフォーリーブス。ほかには、業界言葉で言う〝フロック（まぐれ当たり）〟と見られていたカルメンマキとピーターくらいしか見当たらないという状況でした。

そうした中、ナベプロに所属していた浅尾千亜紀（「ひとりだけのワルツ」など）がCBS・ソニーでデビューしていた縁もあって、販売促進課の課長だった金井浩さんから「稲垣君に来てもらうといいんじゃないか」と白羽の矢が立ったのです。

私の引き抜きの背景には、CBSレーベルが持っている洋楽はともかく、合併によって邦楽でも大勢のアーティストをかかえることになるわけだから、その部分に精通した人間がほしいという判断があったのだと思います。

当時のナベプロは、言い方は悪いですが、レコード会社のことを見下していました。クレージー・キャッツにしてもザ・ピーナッツにしても、作っているのはナベプロなんだ。ポストプロダクション部分をレコード会社に請け負ってもらっているんだ。「編成権はわれわれにあり」というのが、エンタテインメント界で揺るぎない力を誇ってきた渡辺プロダクションの考えでした。

アーティストのマネジメントはもとより、アーティスト制作、レコード制作、テレビドラマもコマーシャルも、映画も作る。さらにプロモーターとしてもやっている。一九六〇年代半ばから七〇年代初頭にかけてのエンタテインメント業界で、「ナベプロなくしては歌番組やバラエティー番組は作れない」と言われるほどの独占状態を呈し、「ナベプロ帝国」と呼ばれたゆえんです。

プロダクションの人間は、海千山千で何をやるかわからない。ならば、蛇の道は蛇で、プロダクションにいた人間を入社させて、防波堤にしようと考えたのかもしれません。

また、背景には、合併会社CBS・ソニー設立の際に、既存のレコード会社から人材を引き抜いてはいけないという条件があったとも推測されます。同社にはレコード会社出身の人も在籍していましたが、思えば、どこか必ずワンクッションはさんでいました。

六四年の四月に新卒でナベプロに入社したものの、希望ではなかったタレントのマネージャー業務に疲弊していたこと、音楽事業の近代化を謳いながら、その推進や待遇面で大きく後れをとっていたことも私の背中を押しました。大卒の会社員の平均月収が二万円だった時代に、ナベプロは一万八〇〇〇円だったからです。

渡辺プロダクションの渡辺晋社長に退社の意思を申し出たところ、近く米国のワーナー・ブラザーズと日本の音響機器メーカーのパイオニア、そしてナベプロが共同出資して設立するワーナー・ブラザーズ・パイオニア（現：ワーナーミュージック・ジャパン、七〇年に設立）へ行くことを提案されましたが、結局はＣＢＳ・ソニーに入社することにしました。

ワーナー・ブラザーズ・パイオニアの出資比率は、ワーナー・ブラザーズが五〇％、パイオニアが二五％、ナベプロが二五％。こちらに行けば、上にはナベプロの人間がやってくるだろう。それならば、しがらみのないほうがいい。それも、ＣＢＳ・ソニーを選んだ理由でした。

急務だった新人発掘

一九四〇年代から六〇年代は、レコード会社がオールマイティーな時代でした。楽曲の原盤権や著作権も持っていましたし、プロダクションもかかえていました。全国各地に営業所が張り巡らされ、レコードのプレス工場もあれば、レコーディングするスタジオも持っていた。それらが揃っていないとレコード会社とは言えない。今からは想像もつかない、まさに垂直統合のレコード・コンツェルンと呼べる時代でした。

そして、七〇年代。ソニーは家電メーカーとして躍進し始めていました。世間的には、渡辺プロダクションよりも当然CBS・ソニーのほうがスマートに感じられていたと思います。

たとえソニーの子会社であっても、「ソニー」というブランド力は圧倒的に強いものでした。このソニーのブランド力が、のちに松田聖子がデビューするにあたって、大いに役立つことになります。

しかし、実際の中味となると、CBS・ソニーは弱体でした。洋楽こそ、そうそうたる顔ぶれが並んでいるものの、邦楽はまだまだとても……という状態。ビクターや日本コロムビアなどの老舗《しにせ》のレコード会社と比較すると、見劣りがしました。

設立から三年目の七〇年に入社しましたが、邦楽は弱かったので、初めから苦労の連続でした。上役はいましたが、同業者の引き抜きは禁止されていたと推測されるため、実質的なノウハウを持っている人間がおらず、うまく回っていなかったのです。

また、何度も言いますが、ナベプロのような大手プロダクションから見れば、レコード会社の、とりわけ邦楽の宣伝担当は見下されている存在でした。

実際、私がナベプロにいた時代も、レコード会社の宣伝部とは、「プロモーションのスケジュールは全部こちらで取ってきますから、宣伝費だけ出してください」というような具合の接し方をしていたと記憶しています。「営業は、イニシャル（初回出荷枚数）をできるだけ多く、全国にむらなくばら撒いてください」。ナベプロのマネージャーとして、メーカーと接するのは、それくらいでした。

ただ、今の自分はレコード会社の人間です。レコード会社は、ポストプロダクション機能しかない。プロダクションやメディアから、そういう存在として扱われている。

確かに、なめられても仕方がないのが実情ですが、果たしてそれでいいのか。なめられないためには、自分たちで新人発掘をしなければならない。ＣＢＳ・ソニーに入ってすぐ実感したことでした。

言うまでもなく、レコード会社は、アーティストという素材を使って作った楽曲をレコード化して売るのが主たる業務です。アーティストが歌った楽曲が商品、もっと言えばアーティスト自体が商品なわけです。ところが、そのもっとも大事な商品作りのイニシアティブを、レコード会社が失ってきている。それには、レコード会社としての力をつけなければならないと考えました。溶鉱炉を持ってこそ、製鉄メーカーであるように、新人発掘をしてこそ、レコード会社なのだと考えたのです。

ザ・ベストテン衰退と音楽シーンの変化

先に述べた「ＮＨＫ紅白歌合戦」に出場すること、賞レースで受賞することは、売り上げに反映するばかりではなく、結果的に宣伝費の経費削減にもつながりました。同時に、社の信用も上がって、有望な新人を獲得しやすくなりました。

しかし、現在は、音楽賞のステイタスは、とても小さくなっています。それは、音楽、ヒット曲そのものの影響力が薄らいでいるからだと思います。趣味が細分化したことや、茶の間で家族揃ってテレビを見る習慣が失われたことで、誰もが知っている歌がなくなってしまいました。

同時に、歌手やバンド、アーティストの意識の変化も、音楽賞の地盤沈下に拍車をかけています。選ばれても、会場に姿を見せない。もっと突き詰めると、辞退するケースさえ増えてきました。

これは、一九七八年から八九年まで放送されたTBSの人気音楽ランキング番組「ザ・ベストテン」が衰退していったのと同じ理由です。「NHK紅白歌合戦」も、同じように消えるか、形を変えていくことになると思います。

昭和から平成を経て令和となった今の時代は、何かに賞を与えたり、もらったりすることへの価値が下がっている。若者は数字以外の権威を信じなくなっているのです。

そうした近い将来の流れも予想しつつ、もう一つ、私が当時やらなければならないと考えていたことは、レコード会社の存立基盤そのものにかかわることでした。

それは、自社によるアーティストの新人開発――英語で言うところの〝サウンド・ディベロップメント〟です。英文字を略して〝SD〟と言います。

河川でたとえるなら、川は上流、中流、下流と分けられますが、当時のレコード会社は、せいぜいその中流から下流をおさえているだけで、水源地と上流は、すべてプロダクションやメディアがおさえていました。かつては、どこのレコード会社も持っていた自前の新人発掘システムが、六〇年代以降のプロダクションの発展と隆盛によって衰退してしまったのです。

「レコード会社として、もう一度原点に立ち返ろう。そうしないと未来はない」。そう思い、CBS・ソニー自前の、それなりの予算をかけたオーディションを始めることにしました。単なる〝発掘〟ではありません。新人の〝発掘〟と〝育成〟です。もっと言うなら〝発掘〟から〝販売〟。レコード会社が自分たちで人材を見つけて、育て、デビューさせて、売って、スターにしていく。SD＝オーディションだけではないということです。

参考にしたのは、ヤマハ音楽振興会の主催する「ポピュラーソングコンテスト」、いわゆるポプコンでした。一九六九年から始まったフォーク、ニューミュージック、ロックのコンテストで、優勝者にはレコードデビューが約束されるなど、アマチュア・ミュージシャンの登竜門的な存在になっていました。ポプコン方式で大掛かりにいこうと、ずいぶんリサーチを行いました。

それまでに、ポプコンからは、八神純子（七四年）、因幡《いなば》晃（七五年）、世良公則＆ツイスト（七七年）ら多くの人材を輩出し、もっとも成功したのは中島みゆき（七五年）、長渕剛（七八年）でしょう。ＣＢＳ・ソニーからも渡辺真知子（七五年）らがデビューして、活躍していました。

画期的だったCBS・ソニーオーディション

そして、一九七八年、ついにＳＤ理念に基づくオーディションが始まりました。ＣＢＳ・ソニーが誕生したのが六八年。創業一〇周年記念事業としてのスタートでした。オーディションは複数あり、純粋に音楽系のものとしては、七九年から「ＣＢＳ・ソニーオーディション」を始めました。営業所所在地に専従者を置いて開催した「ＣＢＳ・ソニーオーディション79」が、その第一回です。全国を八地区に分けて、各地区で少なくとも一名（組）を選出。そこから最終的にレコードデビューするアーティストを選ぶシステムで、第一回では、北海道地区から五十嵐浩晃と堀江淳、東北地区からはハウンド・ドッグ、中国地区からは村下孝蔵がレコードデビューしました。

また、アイドルのオーディションとしては、当時、若い女性に人気だった集英社の雑誌「セブンティーン」と組んだ「ミスセブンティーン」コンテストを企画しました。七八年に開催された九州地区大会でスカウトされたのが、松田聖子でした。

中でも八四年大会は水準が高く（応募総数歴代最多の一八万三三五人）、入賞者のすべてが歌手ないしは女優としてデビューしたほどでした。

工藤静香も、その年の入賞者の一人で、特別賞を受賞しました。同じ「ミスセブンティーン」出身の木村亜希（現：清原亜希）と柴田くに子とともにセブンティーン・クラブを結成し、CBS・ソニーからデビューさせたものの、思うような実績を残せず解散。その後、おニャン子クラブに参加した際に、ポニーキャニオンに移籍させました。

八四年の同大会には、ほかにも国生さゆり、渡辺美里、渡辺満里奈などが出場していましたが、グランプリを射止めたのは、網浜直子と松本典子でした。この回の優勝者は、ジャニーズ事務所のシブがき隊が主演する映画「バロー・ギャングBC」（八五年四月、東映）にヒロインとして出演することになっていました。

優勝者の二人は、映画の公開と時を同じくして、網浜は「竹取物語」（八五年四月）で、松本は「春色のエアメール」（同年三月）でレコードデビュー。しかし、工藤と同じくうまくいかず、網浜、松本ともに伸び悩みました。

一方、移籍した工藤は、おニャン子クラブの一員としてだけではなく、ソロ歌手としてデビューした後も、中島みゆきの楽曲提供を受けて、「黄砂に吹かれて」（八九年九月）、「慟哭」（九三年二月）など、長いスパンでヒットを重ねていきます。

また、国生、渡辺美里、渡辺満里奈もヒット曲を連発。渡辺美里に至っては、女性アーティストのカリスマ的存在へと成長したのですから、レコード会社の分析などわからないものです。

これらの結果に、判断基準の変更を余儀なくされたことは、言うまでもありません。それまでは、コンテストの時点での完成度の高さを重視していましたが、以降は、伸びしろにより重きを置くようになりました。

ちなみに、先の映画「バロー・ギャングBC」は、CBS・ソニーの製作。一社単独での出資で、映画製作は、ソニー・グループ全体でも初めての挑戦でした。

単独でいこうとしたのは、製作委員会方式だと、リスクも少ない代わりに、儲けも少ないからです。CDデビュー直後に出た彼らの映画「シブがき隊 ボーイズ&ガールズ」（八二年、東映）が、興行収入七・二億円をあげていて、実績はある。当時、大人気のシブがき隊なら絶対に当たるから、がっちりと儲けようという腹でした。

ところが……客足はまったく伸びませんでした。予算は、製作費が三・五億、宣伝費が一・五億で計五億。結果は、約三・四億の赤字となってしまいました。

分析だけでは、わからないこともある。これは、先の事例からも学んだことだったのに、生かすことができませんでした。

敗因は、DJが活躍する音楽映画の側面もあったため、CBS・ソニーの洋楽アーティストの楽曲をふんだんに使ったところ、洋楽ファンはアイドル映画だとそっぽを向き、肝心のシブがき隊のファンからも支持が得られなかったことでした。シブがき隊のファンばかりではなく、洋楽ファンも取り込もうという狙いが、見事にはずれたわけです。

しかし、一点、学んだこともありました。洋楽中心のサウンドトラックも出したのですが、洋楽ファンには見向きもされなかったものの、シブがき隊のファンはある程度買ってくれたことでした。洋楽であってもファンなら買う。この事実をつかんだのです。のちに、X（現：X JAPAN）がライブの合間に、YOSHIKI好みのクラシックを流していたことから、クラシックの企画盤を出したのは、この時の経験からでした。

コンサート会場の音源を集めて発売すれば、ファンは買うのではないだろうか——。

結果は、何と五〇万枚の大ヒット。それまで、CBS・ソニーのクラシックで一番売れたのは、中村紘子のアルバムの一〇万枚でしたから、これは驚異的な記録であり、「分析だけではわからないこともある」の典型でした。

社運と金をかけたSD事業

話が横に逸《そ》れましたが、SDでは、ほかにもオーディション、コンテストをいくつか仕掛けていき、八二年には、演歌のSDオーディション「全日本演歌選手権」も開催。ここから、城之内早苗がデビュー、そののち長山洋子も別のレコード会社からレコードが発売されました。

また、同年には、平凡出版（現：マガジンハウス）と組んで「ミスターCBS・ソニー全国オーディション」を開催。ここから出てきたのが、竹本孝之でした。

優勝者を筆頭に入賞者は内部でマネジメントしてもいいし、外部のプロダクションに預けてもいい。これがSDを先導する私の考えでした。「みすみすダイヤモンドの原石を第三者の手に渡すのか」という声もありましたが、外部プロダクションにチャンスを与えることで、その後のビジネスが有利に運ぶという自信がありました。

当時のCBS・ソニーの小澤敏雄社長は、よく許可してくれたと思います。それは、きっと私が渡辺プロダクションの出身で、川の「上流」のあり方を熟知していると思い、信用してくれたからでしょう。

会社は、金もかけてくれました。新人をそのままデビューさせても、売れることはまずありませんから、仕掛けが必要です。たとえば、ラジオでレギュラー番組を持たせるとしましょう。この場合、番組の制作費用はレコード会社の持ち出しになります。そうすると、オーディション開催からデビューまで、SD関連予算として年間四、五億円はかかります。それを、社は容認してくれたのです。

聖子の場合は、八〇年四月、山口百恵「夢のあとさき」の後番組として半年のインターバルを経て、ラジオ「ソニーナイト スクエア　松田聖子　夢で逢えたら」（ニッポン放送）をスタート。インターネットなどない時代。聖子は、テレビとは違う気さくでサバサバした一面を見せ、ファンとの貴重なコミュニケーションの場となっていました。

こうしてスタートしたSDでしたが、不安がなかったかと聞かれたら、嘘になります。

しかし、私は「CBS・ソニーの溶鉱炉はSDだ」という確信がありました。何かしらの理由で売り上げが落ちることがあっても、溶鉱炉さえ燃え続けていれば、またいつでも盛り返せる。そう信じて続けたのです。その結果、白井貴子、大江千里、ザ・ストリート・スライダーズ（八一年）、尾崎豊、エコーズ（八二年）、バービーボーイズ、レベッカ（八三年）、聖飢魔《せいきまつ》Ⅱ（八四年）、ユニコーン、エレファントカシマシ（八六年）といった多くの逸材を世に送り出すことができました。これは、その後の私にとって大きな自信となっており、CBS・ソニー時代の成果だと自負しています。

デビュー難航の要因はルックス?

ずいぶん寄り道をしましたが、ようやく松田聖子の話です。一九七八年四月に、SD初の試みとして開催した「ミスセブンティーン」コンテストでは、大滝裕子と久保田早紀が世にはばたきましたが、その九州地区大会で優勝したのが聖子でした。

聖子は優勝後、東京・千駄ヶ谷の日本青年館で行われる決勝大会へ駒を進めるはずでした。しかし、厳格な教育方針の父親の反対に遭い、同大会への出場を辞退していました。

そうした中、あきらめきれない人物が現れたのです。地区大会の審査員を務めて、テープで聖子の歌声を聴いていた若松宗雄ディレクターでした。それをSDスタッフも大いにバックアップしました。

若松さんは、予選大会の録音テープを一聴し、聖子の力強くも憂いのある歌声に一瞬で胸を掴まれたそうです。

詳しくは、彼の著書『松田聖子の誕生』(新潮新書)に詳しく書かれていますが、聖子の魅力について第一に「声質」を挙げ、「透明感と強さ、その中に娯楽性とある種の知性を感じた」と記しています。

そして若松さんは、聖子の実家がある福岡県久留米市まで足を運び、両親に直談判。聖子自身も粘り強く父親を説得し続けた結果、その熱意が通じて、一年半後、聖子は上京することになりました。「ソニー」というブランドも信頼していただけた要因の一つだったようです。

もともと、聖子と同郷の作曲家・平尾昌晃さんが主宰する、福岡県のミュージックスクールに通っていたほど、プロ志向が強かったそうですが、その断固たる意志と意欲には本当に驚かされました。

聖子自身の「どうしても歌手になりたい」という熱意と、夫との別居も辞さずという母親の後押しもあって、ようやくデビューの目処がついたのもつかの間、そこからはプロダクション選びが難航しました。

CBS・ソニー系列のプロダクションであるエイプリル・ミュージックには、渡辺真知子らニューミュージック系の歌手が所属していたものの、アイドル系はおらず、聖子を預けることに不安が残りました。

そこで、アイドル系に長けたほかのプロダクションにも声をかけましたが、どこからもなかなかいい返事が返ってきません。新人一人をかかえれば、億という大金が必要となります。

興味があっても二の足を踏む理由は、プロダクション出身の私には、よくわかりました。実際には、CBS・ソニーが資金援助を行いますが、それでもまだ決まらない。焦る気持ちが強くなっていきました。

なかなか決まらなかった理由は、聖子のルックスにありました。九州の地方都市の出身であるためか、厳格な家庭で育ったためか、まだ垢抜けていなかったのです。声をかけたプロダクションの幹部たちが指摘するO脚と歯並びも気になるところでした。ただ、時間が経てば、それ相応に垢抜ける素材だと思っていました。

確かに、当時は見た目に限っては特段光っているものはありません。同じ地方の出身でも、写真の片隅に写っていただけでスカウトされた南沙織のような輝きを、それほど感じなかったのも事実です。

しかし、圧倒的にきらめいていたのは、その透明感のある歌声でした。若松さんも自身の著書で、「すごい声を見つけてしまった」と書いています。

ラジオの文化放送系の音楽出版社であるセントラルミュージックの社長で、細川たかしや川中美幸らの発掘や売り出しに貢献した茂木高一社長も、聖子の歌声を聴いて乗ってくれましたが、それでもプロダクションの幹部たちは、なかなかわかってくれない――。「これがダメだったら、どうしよう?」。藁にもすがる思いで、最後にプレゼンテーションをしたのが、サンミュージックプロダクション(以下:サンミュージック)でした。社長の相澤秀禎《ひでよし》さんは、面倒見のいいことで知られていました。

サンミュージックは、森田健作や都はるみ、桜田淳子らが所属する大手プロダクションです。そしてスタジオで聖子に歌わせ、二〇~三〇人に聴かせたのですが、相澤社長と何人かをのぞいた、ほとんどの幹部たちは、あまり乗り気な反応ではありません。

ところが、サンミュージック出版の杉村昌子さんが聖子の歌声をいたく気に入り、社内で説得を試みてくれたことから、サンミュージックへの所属が決まったのです。七九年六月のことでした。聖子が世に出たのは、この杉村さんのおかげだと言っても過言ではありません。まさに、大恩人と言っていいでしょう。大げさではなく、彼女がいなければ、聖子の歌は聴けなかったのかもしれないのです。

杉村さんは、聖子を代表に、香坂みゆき、岡田有希子などのアルバムでも制作総指揮を務めた、非常に優秀なプロデューサーでした。レコード会社やプロダクションの分析的な評価ではなく、「この子には、何かがある！」という予感のようなものがあったのではないかと思います。

「青い珊瑚礁」大ヒットで頂点へ

かくして一九八〇年四月一日、聖子は、シングル「裸足の季節」でデビューしました。聖子は、福岡の平尾音楽学校の出身ですから、本来であれば平尾先生に書いてもらうのが筋ですが、ディレクターの若松さん、そしてアーティスト宣伝担当の西岡君からも新進気鋭の作家を起用すべきとの意見が出たため、その方向で制作に取りかかりました。当時としては、かなり斬新で、大胆な試みだったと思います。

しかし、同曲は、資生堂エクボ洗顔フォームのCMタイアップ曲として話題になりましたが、大ヒットには至りませんでした。それには、CBS・ソニーの社内事情が多少なりとも影響していました。八〇年には、聖子に続いて、プロダクション尾木の所属で、酒井さんが制作を担当していた浜田朱里《じゅり》が六月にデビューしたからです。レコード会社というのは「一押し」がはっきりしていて、そのアーティストに全力を集中させるのですが、この年の前半は聖子と浜田で、勢力を二分せざるを得なかったのです。

所属するサンミュージックも、聖子と同じデビュー年に、中山圭子（現在：圭以子）をCBS・ソニーからデビューさせる予定があり、こちらも聖子の売り出しに、少なからず影響しました。

そうした中、七月一日に発売した二曲目のシングル「青い珊瑚礁」が爆発しました。「裸足の季節」と同じコンビ（作詞は三浦徳子、作曲は小田裕一郎）の曲でしたが、一気にはじけました。歌詞はもとより、曲もよかった。サビを頭に持ってくることで、聖子の持ち味である高音が生かされていました。

ここから、アレンジャーの大村雅朗が編曲で参加。彼もまた、七八年に聖子と同じ福岡県から上京して、活動を始めたばかりの新人でした。山口百恵の「謝肉祭」（八〇年三月）の編曲で注目され、若松さんから声をかけたそうです。大村は、編曲家として、のちに佐野元春のデビュー曲「アンジェリーナ」や、大沢誉志幸「そして僕は途方に暮れる」、吉川晃司の「モニカ」、渡辺美里「My Revolution」なども手がけました。

そして、聖子は、短期間で高い人気を獲得するとともに、百恵がいなくなった穴を完全に埋めてくれました。三曲目となる「風は秋色／Eighteen」（八〇年一〇月）も、「青い珊瑚礁」とともに五〇万枚を上回る大ヒットを記録。同曲で、初のオリコン一位を獲得しました。

それは、結婚・引退フィーバーで沸いていた百恵が同じ八〇年に発売した「謝肉祭」(二八・六万枚)、「ロックンロール・ウィドウ」(五月、三三・六万枚)、「さよならの向こう側」(八月、三七・九万枚)のセールスを大幅に上回るセールスでした。

ちなみに、八〇年九月二五日、百恵が最後の出演となった「ザ・ベストテン」の一位は、聖子の「青い珊瑚礁」。聖子が歌う前に二人が揃って並び立ち、七〇年代から八〇年代にバトンタッチされました。

デビューから、わずか半年——。気がつけば、日本中の若い女性たちが聖子の歌声に憧れ、「聖子ちゃんカット」と呼ばれた彼女の髪型やファッションを真似している。聖子の登場を機に、若者の間では、空前のアイドルブームが巻き起こっていきました。

松田聖子と田原俊彦

ちょうど同じころ、男性アイドルシーンでも、同じような現象が起こっていました。聖子から遅れること二ヶ月後の八〇年の六月にシングル「哀愁でいと」でデビューした田原俊彦も、同曲が七一・九万枚、続く「ハッとして！Ｇｏｏｄ」（八〇年九月）が六二万枚と、男性アイドルの中で、圧倒的首位のセールスを記録していたのです。

「ハッとして！Ｇｏｏｄ」は、田原自身初のオリコン一位を初登場週で記録し、八〇年大晦日の「第22回日本レコード大賞」では、聖子とのし烈な争いを繰り広げた結果、田原が最優秀新人賞を受賞しました。男性アイドル冬の時代に光をともすとともに、ジャニーズ事務所の復活も予感させる活躍でした。

「青い珊瑚礁」とほぼ同時期に発売された「ハッとして！Ｇｏｏｄ」が流れる江崎グリコアーモンドチョコレート＆セシルチョコレートのＣＭで、田原の相手役に選ばれたことは、聖子の飛躍にもつながりました。

高原にある赤いテレホンボックス。電話をかけている松田に一目ぼれする田原。若い二人が、テニスコートなどでの偶然の出会いを重ねるうちに、互いに惹かれ合っていく。五〇代以上の人には思い出深いであろうこのＣＭは、サンミュージックがねじ込んだものでした。

ＴＢＳ「ザ・ベストテン」で二人が隣同士に座ると、ファンから抗議が殺到したため、間に司会の黒柳徹子が入る……という苦肉の策がとられていたこともありましたが、私には、田原の女性ファンにも聖子は受け入れられるという直感がありました。

聖子はデビュー直後、田原は歌手デビュー前にＮＨＫの若者向け音楽番組「レッツゴーヤング」に揃って出演。コーラスやバックダンサーを務めたサンデーズのメンバーとして一緒だった縁もあって、お互いを「戦友」と呼ぶほど絆が深い。そうしたこともあって、実際、敵意を抱くどころか、似合いの二人だと思っていた女性ファンも、案外、多かったように思います。

口では、あれこれ言いながらも、聖子の歌も聴いている。今でも、聖子を支えているのは同性のファンです。コンサートやディナーショーへ行くと、客席は、女性の組み合わせばかりが目につきます。当初は「ぶりっ子」などと批判も受けていましたが、それらを、その歌唱力と自らの奔放な生き方でねじ伏せ、魅了していく。それが松田聖子なのだと、改めてそう思うのです。

こうして、聖子と俊彦という二人の名にかけた〝聖俊コンビ〟は、よきライバルとして、アイドル界のトップランナーとなっていきます。また、二人がシンメトリーな関係を築くことでわかりやすいアイコンとなり、世間にアイドル新時代の到来をイメージ付けていきました。

この聖子と田原の活躍がなければ、その二年後、中森明菜を筆頭とする、いわゆる〝花の82年組〟の盛り上がりも、少し違ったことになっていたかもしれません。小泉今日子、新井薫子、堀ちえみ、三田寛子、早見優、石川秀美、シブがき隊、伊藤さやか、つちやかおり、原田知世……。二人は、八〇年代アイドルシーンの、その後にも大きく影響を及ぼしたと言えるでしょう。

それから四〇余年――。両者は還暦をすぎた現在も、〝懐メロ〟歌手ではなく、現役アイドルであり続けています。松田聖子と田原俊彦。たまたま偶然、天性の男女アイドルが同時期にデビューしたからこそ、奇跡とも言える空前の八〇年代アイドルブームが起きたのではないでしょうか。

永遠にあせない多彩な楽曲

聖子の、既存のアイドルとは違った特筆すべき点に、楽曲の豊富さがあります。デビュー二年目からは、ディレクターの若松さんが、作家性を前面に打ち出す戦略に舵を切ったからです。

手始めに起用したのが財津和夫でした。財津は、「チェリーブラッサム」(八一年一月)、「夏の扉」（同年四月）、「白いパラソル」（同年七月）と三曲連続でシングルを作曲。

一方、作詞では「白いパラソル」以降、自薦もあって松本隆が起用されました。

そして、松本の交流関係から、「風立ちぬ」（八一年一〇月）の大瀧詠一、「赤いスイートピー」（八二年一月）、「渚のバルコニー」（同年四月）、「小麦色のマーメイド」（同年七月）などで松任谷由実（呉田軽穂名義）、財津と松任谷を挟んで「天国のキッス」（八三年四月）、「ガラスの林檎／SWEET MEMORIES」（八三年八月）では細野晴臣ら、超一流のニューミュージック勢を起用していきます。

チューリップの財津は、七八年にソロデビューし、翌年には「Wake Up」がヒット。大瀧も、八〇年にコロムビアからCBS・ソニーに移籍し、そこからシングル「さらばシベリア鉄道」を太田裕美に提供、名盤の誉れ高いアルバム「A LONG VACATION」がオリコン年間チャート二位のミリオンセラーを記録するなど、乗りに乗っていました。

松任谷（ユーミン）も、七八年から八三年にかけて、年間二枚のオリジナルアルバムを発表するなど、驚異的な創作ペースで、第二次ユーミンブームを迎えていました。細野も七八年に結成したイエロー・マジック・オーケストラ（YMO）で、世界的に活躍。これら新しい才能が集結し、新たな松田聖子サウンドが確立されていきました。

中でも、松任谷の功績は見逃せません。シングルだけで、先の「赤いスイートピー」、「渚のバルコニー」、「小麦色のマーメイド」を筆頭に、「秘密の花園」（八三年二月）、「瞳はダイアモンド／蒼いフォトグラフ」（八三年一〇月）、「Ｒｏｃｋ'ｎ Ｒｏｕｇｅ」（八四年二月）、「時間の国のアリス」（同年五月）と八面六臂の大活躍を見せました。

売れているから獲れるものではないレコード大賞

聖子の楽曲は、今でも高い人気を誇る「赤いスイートピー」のB面「制服」を始め、カップリング曲の評価が高いことも特徴です。

オリジナル・アルバムも、夏と冬の年二枚ペースで発売されていて、デビューから三年間で八枚をリリース。常に季節感を意識した内容となっている上に、リリースごとに、少女から大人の女性へと次第に成長していく過程が表現されているのも特徴でした。だからこそ、女性からの支持を多く得られたのでしょう。

また、相乗効果もありました。聖子が、キャリア中期の黄金期を迎える中、財津を筆頭に、このころ聖子に楽曲提供した多くの面々も、八〇年代の前期に、自身の第二のブレイク期を経験するのです。

ただ、多彩な顔触れを揃え、完成度の高いシングルとアルバムを発表し、アイドルを超えた存在になりつつあった聖子ですが、賞レースでは、新人賞は獲得したものの、大賞は受賞していません。

売り上げだけを見ると、可能性のある年はありました。しかし、受賞できない。八二年以降、ライバルと目された中森明菜は、二年連続で「日本レコード大賞」（八五年、八六年）を受賞しているのに、です。

長年、賞レースにかかわってきた私の感触ですが、大賞というものは、山でたとえるなら突出した高い山に与えられるものだと思います。聖子の場合は、山は山でもアルプス、連なる山脈でした。明菜の場合は、それが富士山だったということでしょうか。

最大のライバル中森明菜の躍進

「赤いスイートピー」で、トレードマークだった「聖子ちゃんカット」からショートヘアにイメチェンし、デビュー時のように声を張らない歌い方に挑戦することで、次第に女性ファンが増加。「天国のキッス」では、大人っぽいストレートの髪型が同性にも支持され、自慢のキャンディボイスが完成の域に達しました。

八三年は、そうした聖子の円熟期でしたが、翌年の「時間の国のアリス／夏服のイヴ」（八四年五月）あたりから、雲行きがおかしくなっていきます。セールスが、じりじり下降し始めたのです。続く「ピンクのモーツァルト」（同年八月）でも、事態は変わりません。

楽曲は、結果を出し続けてきた松任谷（呉田）と細野晴臣。作詞は、ともに松本隆。クオリティーは申し分ありません。しかし、理由がわからない。そこで、続く八四年一一月発売の「ハートのイアリング」では、佐野元春（Ｈｏｌｌａｎｄ Ｒｏｓｅ名義）、「天使のウィンク」（八五年一月）では尾崎亜美という気鋭のアーティストを投入するも、かつての勢いは取り戻せませんでした。

一九八二年一一月にリリースされた三枚目のシングル「セカンド・ラブ」で、中森明菜が一躍、女性アイドルのトップに躍り出たこともあるでしょう。四枚目となる「１／２の神話」は、オリコン六週連続一位の大ヒット。セールスでも、聖子を圧倒したのです。

作品のクオリティーは聖子も明菜も別格でした。ただ、シンガーとしての聖子は百点でしたが、明菜はそれ以上でした。さらには、すごみがあった。売り方では、われわれＣＢＳ・ソニーのほうがうまかったように思いますが、軍配は明菜に上がりました。

聖子失速の理由は、八五年の年明け早々、交際を公にしていた郷ひろみと破局、東宝・

砧《きぬた》スタジオの食堂で涙の会見を行ったことも影響していたのかもしれません。

しかし、これも、冒頭から何度も言ってきた聖子の、意思の強さが原因だと思うのです。聖子がデビューする前に、こんなことがありました。私が「CBS・ソニーの歌手の中では誰のファンなの?」と尋ねたら、「郷ひろみさんが好きです」と答えたのでした。聞けば、福岡にいたころからコンサートには欠かさず足を運び、郷のファンクラブにも入会していたほど。「ミスセブンティーン」コンテストに応募した理由の一つに、「全国大会のゲストが郷ひろみだったから」ということもあったそうです。

そこから一〇年も経たないうちに、その憧れだった郷と結婚寸前までいったのだから、意思の強さは相当なものだと、今さらながらに感心します。

余談ですが、聖子と郷の交際が初めて報じられたのが、八一年の五月。その三ヶ月ほど前に放送されたTBSのレコード会社対抗「新春オールスター大運動会」で、聖子と郷を組ませたことがありました。男女二人の競技者が一枚のシーツをかぶって密着して走る、二人三脚走でした。二人三脚走のパートナーが郷だと告げた時、聖子がたいそう喜んでくれたことを思い出します。聖子の気持ちを知る私としては、ちょっとしたプレゼントのつもりでしたが、そのおせっかいな贈り物が、二人の距離を縮めるきっかけになったのではないだろうか——。

私は、今でもそう思っています。

松田聖子が見つけた居場所

郷との涙の破局会見からわずか一〇日後、驚がくのニュースが飛び込んできました。主演映画「カリブ・愛のシンフォニー」(八五年四月、東宝)のポスター撮影のため、ハワイへ飛ぶ直前の聖子が、映画の相手役の神田正輝と堂々の交際宣言をし、帰国後には、神田もその事実を認めたのです。

そして、翌年の六月には、その神田と結婚。しばらく経ったある日、新婚の聖子から一通の手紙が届きました。その手紙には、結婚生活の悩みなどが綴られていて、「歌手をやめたい」とまで書かれていました。

しかし、百恵の抜けた穴を埋めてくれた聖子にやめられては、会社の経営に響きます。私はあわてて聖子の自宅へと駆けつけました。聖子いわく「だって、普通の夫婦は、夫が稼いで、奥さんは主婦でしょう?」。それに対して、「これまで応援してくれたファンを見捨ててはダメだ」と強く説得し、何とか翻意させることができました。

松田聖子と著者

もちろん、私は、聖子が一介の主婦で収まるはずはないと思っていました。デビュー前から見ていて、彼女には、いわゆる九州男児の女性版というような印象を持っていたのですが、まさにそれでした。

聖子の故郷である福岡県久留米には、他人と協調しない独立独歩の久留米商人の気質を継承する〝あっしゃ文化〟と言われる独特の風土があり、成功者に対して「何を格好つけているんだ」と足を引っ張る傾向があると聞いたことがあります。

そのため、成功したければ〝自分で自分をプロデュース〟するしかすべがない。浮き沈みの激しい芸能界で、聖子が四〇余年間も最前線にいられるのは、こうした土壌で生まれ育ったからかもしれません。

憧れだった歌手デビューを果たした。夢である世界進出にも挑戦した。思い描いた夢は必ず実現しないと気がすまない。振り返れば、郷と破局し、神田との交際を宣言した八五年には、男女雇用機会均等法が成立。時代の変化はもちろんありますが、この欲張りで、言い換えれば、自分に忠実な聖子の生き方は、その後の日本の女性の価値観の形成に大きな影響を与えたのではないかと思います。

最後に聖子と会ったのは、約二〇年前、二〇〇四年四月に入社したエイベックス・グループ・ホールディングス（現：エイベックス）の役員として「NHK紅白歌合戦」を観に出かけた際、挨拶を交わしたことを覚えています。

じっくり話をしたのは、一九九五年になるでしょうか。聖子がデビュー以来、所属したCBS・ソニーを離れ、マーキュリー・ミュージックエンタテインメント（現：ユニバーサルミュージック）に移籍する直前に、イーグルスの「ホテルカリフォルニア」で有名なロサンゼルスのザ・ビバリーヒルズ・ホテルで、二人きりで話をしました。聖子の翻意を促すための渡米でした。なぜ移籍するのか。移籍して何をやりたいのかを聞いたところ聖子がかねてより希望していた海外進出を「再び目指すため」とのことでした。

八五年に海外デビューを前提としたアルバムを作りましたが、英語の発音に難があるとして、発売を見送った経緯が彼女にはあるのです。

九〇年六月には、〝Ｓｅｉｋｏ〟名義のワールドリリースデビューアルバム「Ｓｅｉｋｏ」を、満を持して発売しましたが、満足のいく結果は得られませんでした。

今でも聖子は、海外進出を目指しているのでしょうか。機会があれば、今度じっくり話を聞いてみたいと思います。

西岡明芳インタビュー

音プロからレコード会社へ

――西岡さんは、一九七八年一〇月に、CBS・ソニーに入社されました。
西岡　七八年のEPICソニー設立に合わせた大量募集があり、中途で採用されました。それ以前は、CM音楽の制作会社、業界で言う〝音プロ（音楽制作会社）〟にいたのですが、ちょうどCMタイアップに注目が集まり始めた時代だったので、これまで培ったノウハウがレコード業界で生かせるかもしれないと思ったことが、応募のきっかけでした。面接では、「レコード会社側から広告代理店やクライアントに売り込みをかけてみてはどうでしょう？」と自己PRしたことを覚えています。
――稲垣さんが、面接官の一人だったそうですね。
西岡　ご本人は覚えていないとおっしゃっていましたが、私を採ってくれたのは、稲垣さんだと思っています。当時、タイアップ曲を決めるのは、事務所主導でしたから、私が面接で答えた目新しいやり方に興味を持ってくれたんじゃないかと。当時のCBS・ソニーは新興のレコード会社だったこともあって、そうした社内に刺激を与える面白そうな人材を求めている空気がありました。私のほかにも、映画業界やファッション業界といった異業種からの転職組が、何人かいましたね。

——入社後は、稲垣さんが部長を務めていた販売促進部に配属されて、松田聖子さんを担当することになりました。

西岡　最初は、販売促進部業務課というところで〝一人タイアップ班〟のようなことをやっていて、一年ほどで販売促進課へ異動しました。聖子を担当したのは、八〇年四月発売のデビュー曲「裸足の季節」から「赤いスイートピー」(八二年一月)までの約二年間。媒体は、ニッポン放送を担当していました。その後は、八三年に、EPICソニーに移ることになります。

無謀だった新人の売り込み

——業務課の〝一人タイアップ班〟では、どのような仕事を?

西岡　大物アーティストのタイアップは、まだまだ事務所の主導で決まっていましたから、新人をどうにかねじ込めないかと、広告代理店やクライアントを回るのが、主な仕事でした。プロフィールなどを書いたチラシを手作りしては、音プロ時代からツテのある人を中心に配っていく。紙媒体や各ラジオ局、テレビ局ごとに、それぞれ担当者がいました。

――新人アーティストの売り込みをかけるわけですね。

西岡　その中にいた一人が、ディレクターの若松（宗雄）さんから紹介された聖子でした。ところが、彼女は、ようやくサンミュージックの所属となったものの、まだデビューも決まっていない。それを「使ってください」と売り込むのですから、今思うと、無謀なことをやっていたと思います。ちなみに、聖子のキャッチフレーズ「抱きしめたい！　ミス・ソニー」は、私がチラシに書いたもので（チラシは「抱きしめたいッ…！」だった）、デビューする際、正式に採用されました。聖子が、あまりに華奢だったものですから、そのファーストインプレッションで付けたんです。また、デビュー時に、お金をかけて作ったチラシには〝ＣＢＳ・ソニーの救世主〟とか書かれていて、これには、ポスト山口百恵という意味が込められていました。ニッポン放送のロビーで、百恵さんに聖子を紹介した際、緊張した声で「四月にデビューする松田聖子と申します」と挨拶していたことを思い出しますね。

――聖子さんの第一印象を覚えていらっしゃいますか？

西岡　お菓子メーカーのCMオーディションで初めて会った時は、制服を着た、ごく普通の女子高生という印象でした。その見た目だけでは、売れるとは思えなかった。所属事務所が決まるまでにお会いした各プロダクションの幹部も、みなさん「売れると思う？」と疑問を持っていたくらいです。本当に、それくらい素朴な女の子でした。

――稲垣さんや若松さんは、聖子さんの歌を聴いて「売れると直感した」とおっしゃっています。

西岡　その後、社内で録音したデモ・テープを聴いたら、確かに歌はうまいし、声も特徴的で伸びもある〝ひょっとして……〟と思い直しました。収録された曲は、桑江知子の「私のハートはストップモーション」、桜田淳子の「サンタモニカの風」、渡辺真知子の「迷い道」の三曲。ただ、私の場合、稲垣さんや若松さんのような衝撃は受けなかったというのが、正直なところですね。体感では、私がソニー・ミュージックアーティスツで最後に担当した西野カナのほうが、インパクトがありました。

デビューの裏側にあった巡り合わせの妙

――当時のサンミュージックは、聖子さんではなく、新人アイドルとして売り出す予定の中山圭子（現：圭以子）さんに力を注いでいたんですよね？

西岡　中山さんがスカウトされた際の契約に、〝デビュー後、二年間はほかの新人をデビューさせない〟という条項が含まれていたことで、聖子は、宙ぶらりんの状態だったんです。そのため、「歌わない歌手　デビュー」という見出しで、新聞のインタビューを受けたこともありました。これは「少しでもメディアへの露出を……」と、サンミュージックが仕込んだものでしたが、聖子も我慢の時間を過ごしていたと思います。

――その中山さんは、八〇年の二月一日にシングル「パパが私を愛してる」でデビュー。しかし、アクシデントが……。

西岡　同曲が、外資系会社のシャンプー（ユニリーバ「ティモテ」）のCM曲に決まったまではよかったのですが、国内未認可の成分が含まれていることが判明して、放送を中止することになってしまいました。その影響もあってか、中山さんのデビュー曲は、ヒットせず……。実績のある酒井政利さんのプロデュース曲ではあったものの、なかなか売れない。

そんな矢先に水面下でデビューの仕込みを行っていた聖子の資生堂のCMが決まったんです。デビューやヒットの裏側には、こうした巡り合わせの妙はつきものですが、このCMは、私が持ってきた案件でしたので、今でも中山さんには、申し訳なく思っています。逆に、聖子にとっては、運が後押ししたということになりますね。

――一押しアイドルより、図らずも聖子さんのデビューが早まった。

西岡　資生堂「エクボ洗顔フォーム」のCMモデルのオーディションを受けた聖子に、肝心のえくぼが出なかったため不合格となって……というエピソードは有名ですが（選ばれたのは、新人タレントの山田由紀子）、聖子の評判自体は決して悪くなかったので、「何とか歌だけでも」と代理店にお願いして、クライアントからもOKが出た。このCMがなかったら聖子のデビューはもっと先になっていたでしょう。作詞は、三浦徳子さん。作曲については若松さんには「既存の作家さんではない人のほうがいいのでは？」と進言して、新進気鋭の小田裕一郎さんに決まりました。そこから、のちの財津和夫さん、松任谷由実さん、細野晴臣さんといったニューミュージック系の作家陣へと路線が続くわけですから、小田さんが採用されてよかったなと思います。

改題されたデビュー曲

――かくして、八〇年四月一日にシングル「裸足の季節」でデビューすることになります。

西岡　ニッポン放送の「ロッテ　集まれ！ヤンヤン　熱気でムンムン！」という番組の公開録音で初めて歌った時は「ハイヌーンは熱く」というタイトルで、その後、歌詞を変更したものが、「裸足の季節」として発売されたんです。変更後は、ジャケットも、新しいものを作り直しました。それくらいバタバタした中でのデビューでした。

――それにしてもレコーディングから、わずか一ヶ月でデビューとは、急ですね。

西岡　若松さんに言われて、私が聖子のアーティスト写真を撮ったこともありましたね。ファッション誌っぽく、おしゃれに撮ったことで却下になりましたが……。いわく「みずみずしさがない」というのが理由で、「もっと〝素〟の部分を売り出したほうがいい」とアドバイスをもらいました。若松さんは、聖子に、洗練されたものを求めていなかったのだと思います。

――デビューを迎えて、聖子さんに何か変化を感じましたか？

西岡　周りから、どう見られているのかがわかってきたように感じました。「エクボ」の時には、オーディションに来る私服も、かわいらしいものに変わっていましたし、状況を敏感に察知して、すぐに取り入れるという天性のアイドル性がありました。あの聖子ちゃんカットも自分で考えたものですし、衣装も自分で決めていた。これは、あくまで私の想像ですが、のちの飛躍と彼女の自己プロデュース能力を見るに、松田聖子の第一幕はこうやってデビューして、第二幕では、誰々と仕事をして……という具合に、考えていたのではないかと思います。若松さんを始め、二枚目の「青い珊瑚礁」（八〇年七月）から編曲を担当して、長年支えることになる聖子の同郷の大村雅朗さん、「白いパラソル」（八一年七月）から黄金時代を築く松本隆さんですら、登場人物の一人に見えてくるから不思議なものです。

社内が団結「聖子を売れ」

——聖子さんを売り出すために、まずどんなプロモーションをされたのですか？

西岡　担当のラジオ局や全国のレコード店を回ることはもちろん、まずは、社内のプロモーションからだと、黒ビルと呼ばれた市ヶ谷のCBS・ソニービルのエントランスを聖子のポスターで埋め尽くすところから始めて、毎週のように各地でキャンペーンを仕掛けました。何が正解かはわからないけれど、無我夢中《むがむちゅう》でした。

――「裸足の季節」にちなんで、裸足で媒体まわりをやったという逸話もあります。

西岡　それは、さすがになかったですが、できることは何でもやりました。インターネットのない時代ですから、テレビ、ラジオのランキングに入るよう、それこそ徹夜で週に何百枚ものはがきを書きました。それを車で、いろんな郵便局、ポストに分けて投函するんです。社内にも、はがきを配ってリクエストしてもらいましたね。サンミュージックの聖子担当マネージャーだった我妻忠義《わがつまただよし》さんと一緒に何ができるかを考えて、社内みんなが聖子を売るために団結していました。ゼロを一にする人がいて、一を三にする人がいて。三を一〇以上にする人がいて、いろんな人の目に耳に留まって、ヒット曲になる。楽曲を制作する人がいて、紙やラジオ媒体に出て、最後は、テレビの歌番組。売るための仕組みのようなものが、自然とできていたことが、CBS・ソニーの強みでした。二曲目の「青い珊瑚礁」が大ヒットしたのも、そうした販売促進のたまものでしょう。

――社をあげて売りたいと思う。それくらい聖子さんの歌声に魅力があったということでしょうか？

西岡　歌はもちろんですが、聖子の前向きな姿勢や、稲垣さんもおっしゃっている彼女の

〝強い意欲〟に触れるうちに、こちらも引っ張られていった感じですね。逆に言えば、松田聖子というアーティストが、私たちスタッフを選んでくれたのかもしれません。みんな彼女に導かれた。そんな気がしてなりません。

――デビューから四〇数年、今改めて聖子さんに思うことはありますか？

西岡 当時は、いわゆるアイドルの賞味期限が切れると、引退するか、結婚してタレントになるか……という流れが主流だったところ、今でも第一線で歌い続けていることは、驚くべきことだなと思います。彼女が今も歌い続ける歌手になるとは当時は想像だにしませんでした。きっと裏では大変な努力をしていると思いますし、体力や声の維持などジレンマもあると思いますが、それでも、まだまだ歌い続けてほしいと陰ながら願っています。

聞き手／橋本達典

西岡明芳プロフィール
音楽プロデューサー。CBS・ソニー、EPICソニーを経て、現在は株式会社ニューカム代表取締役。松田聖子、佐野元春、渡辺美里、TM NETWORK、西野カナなどソニーミュージックの名だたるアーチストを多数手掛ける。

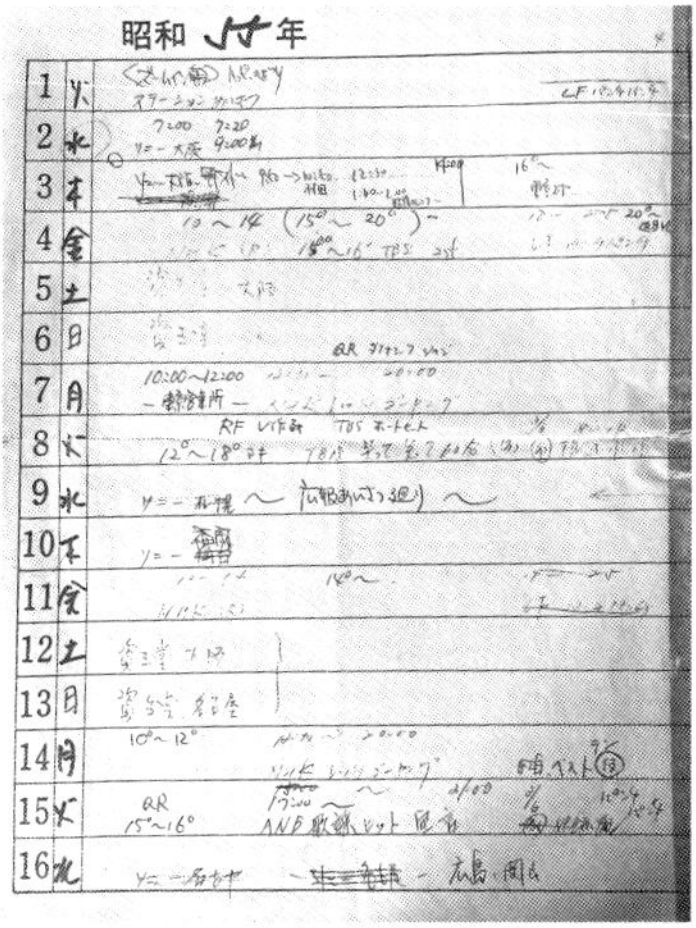

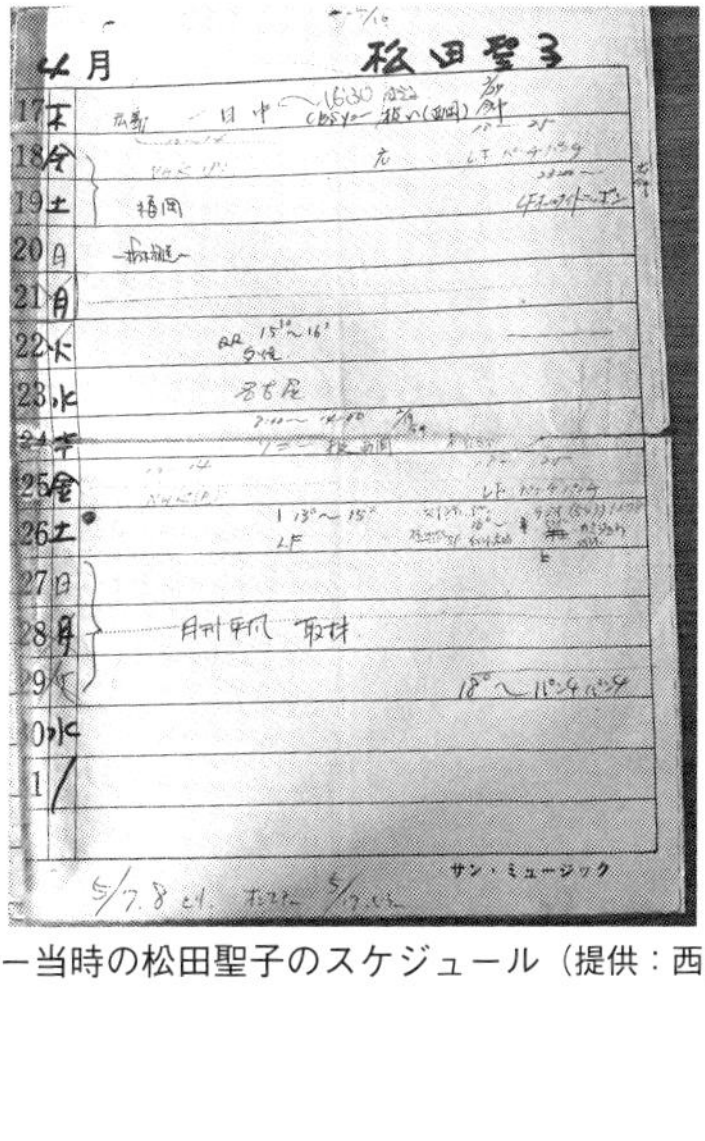

デビュー当時の松田聖子のスケジュール（提供：西岡明芳）

第二章
尾崎豊カリスマ伝説

レコードからCDへ

松田聖子が隆盛を誇った一九七〇年代末から一九八〇年代の前半は、きたるバブルの時代を目前に、好景気に沸いていました。

日本の景気を評価した米国の社会学者の本『ジャパン・アズ・ナンバーワン』が世界的ベストセラーになり、日本企業が米国のシンボルの一つとも言われていたニューヨーク、ロックフェラー・センターを買い、アメリカン・スピリットの象徴であるハリウッドのメジャー映画会社を買収するなど、今では考えられない現象が、もろもろの分野で進んでいたのです。

日本の音楽シーンでも、この時代、画期的な動きが顕著になります。

ハード面ではアナログからデジタルの時代へ。八二年八月に世界で初めて音楽CDの生産が開始されると、同年秋には世界初の音楽CDがCBS・ソニー、EPICソニーから合わせて約五〇タイトル、日本コロムビアから一〇タイトルが発売されます。

八五年にポータブル・デジタル・プレイヤーが発売され、アナログ録音レコードは一斉に、デジタル録音盤CDに置き換えられていきました。同年にリリースされたダイアー・

ストレイツのアルバム「Ｂｒｏｔｈｅｒｓ Ｉｎ Ａｒｍｓ」は一〇〇万枚を達成した初のＣＤとなり、デヴィッド・ボウイの全タイトルがＣＤで再生産されたことなどをきっかけに、世界中のリスナーに変化をもたらしたのです。翌年には販売枚数ベースでＣＤがＬＰを追い抜いていくのです。

音楽の表現方法も、歌手、作詞家、作曲家による分業形態だけではなく、欧米音楽の影響を受けて、一人の音楽家が詞も曲も書き、それを作者自らが歌唱するというスタイルがより一般化していきます。

この時代に地位を確立した、矢沢永吉、中島みゆき、松任谷由実、サザンオールスターズが、二〇二〇年代となった現在でも、レガシーとしてではなく、現役のヒットアーティストとして活躍していることは、奇跡と言っても過言ではないでしょう。

そして、もう一人、この時代に、私が手がけた〝彼〟が、もし生きていたなら……必ず五番目の椅子をきっちりキープしていたに違いないと思うのです。

そのアーティストの目覚ましいまでの才能の発露を、間近で目撃できたこと——。

悪魔的とさえ表現できるインパクトは、四〇年余にも及ぶレコード会社人生で、ほかに例がありません。五〇年に一度あるかないかの出会いだったのだなと実感しています。

オン・ステージの人間とバック・ステージの人間が共鳴をし、異常なパワーを発揮したアーティストは、私が知る限り彼一人だけでした。

偉大なミュージシャンは二七歳で死ぬ

一九八三年一二月一日、松田聖子が円熟期を迎えたころ、アルバム「十七歳の地図」、シングル「15の夜」でデビューしたのが、この世を去って三〇年をすぎた今でも多くの人に熱く支持されている尾崎豊でした。

彼が亡くなった時に二歳だった一人息子の尾崎裕哉《ひろや》が、父親の年齢を超えて何年も経つのですから、感慨深いものがあります。

死亡した当時、尾崎は二六歳。あまりにも早すぎる、突然の死でした。

欧米には、「27クラブ」なる二七歳で死亡したミュージシャン、アーティスト、俳優の一覧があります。この名称が広く知られるようになったのは、一九九四年にニルヴァーナのカート・コバーンが死んだ後からだとも言われています。

ローリング・ストーンズのリーダーだったブライアン・ジョーンズを筆頭に、伝説のギタリスト、ジミ・ヘンドリックスや、ブルーズの女王、ジャニス・ジョプリン、ドアーズのジム・モリスン、そしてカート・コバーンなど、二七歳で亡くなったミュージシャンがあまりにも多いことから、いつしかそう呼ばれるようになったようです。

「ロックスターは二七歳で死ぬ」という、まことしやかに囁かれる法則からすれば、尾崎は一つ下の年齢になりますが、もともと日本では「享年」という場合、数え年で表すのが習わしのため、ある種の因果のようなものを感じなくもありません。

なまりのない標準語で歌えるシンガー

尾崎も、聖子と同じくSD出身のアーティストです。彼について、まず好感を抱いたのは、なまりのない標準語で歌っていることでした。それまで、ニューミュージックのシンガーというのは（このころの社内での尾崎の扱いは、まだロックシンガーではありませんでした）、地方出身者が多く、どこかなまりがありました。その点、尾崎は東京の出身で、渋谷にある青山学院高等部に通っていたこともあり、「きれいな標準語を話す若者だな」というのが、私の第一印象でした。

声質や楽曲の良し悪しはもちろんですが、私は、いわゆる〝スター〟を作るにあたり、この標準語が、重要なファクターだと考えていました。尾崎に懸けてみようと思った理由の一つに、そのきれいな発音と、言葉づかいがあったのです。

そして、デビューから二ヶ月が経った八四年二月、青山学院高等部を自主退学した尾崎は、三月一五日、高等部の卒業式の当日、新宿ルイードにてデビュー後、初ライブを行いました。

会場となった、今はなき新宿ルイードは、キャパシティーこそ三〇〇名と小規模ではあったものの、まさにライブハウスのレジェンドと言ってふさわしい、フォーク、ニューミュージック、ロックのアーティストたちの登竜門の役割を果たしていた伝説の場所でした。井上陽水、荒井由実、イルカ、シャネルズ、佐野元春らも、ここから世に出ていきました。

新宿駅東口から五分ほど歩いたところにある、紀伊國屋書店新宿本店近くの雑居ビルの四階に、ルイードはありました。当日は、キャパに対して、倍近い観客が訪れ、入りきれなかった人たちは、狭いロビーのモニター付近に陣取っていました。

先にも述べたように、多くの成功したシンガーは地方の出身で、良くも悪くもローカルカラーをしょっているのが、魅力の一つとなっていました。ロックバンドで言えば、二〇二三年に惜しくも急逝した鮎川誠が率いる福岡県出身のロックバンド、シーナ＆ザ・ロケッツなどが、その例です。尾崎とほぼ同時期、ルイードには、同じく福岡から上京したザ・ルースターズや、チェッカーズも出演していました。

デビューライブは名門ルイード

ライブ当日の尾崎は、まさに都会の垢抜けした若者の持つ世界観を、ルックス、立ち姿、詞の世界、メロディー、サウンドに、粗削りながらも、みずみずしくぶつけていました。長身で痩身、長い脚、面長の顔にかかる、さりげない長髪。時にはぐっと見開かれ、またある時には、澄んだ瞳が静かに閉じられる。やや青白い頬の線、少し流線形の寂しげな印象を人に与える横顔の輪郭に、たまらないセックスアピールを感じたものです。この横顔の輪郭も、私がスターを作るにあたり重要視する、ファクターの一つでした。

都内のエリート大学の付属高校に、つい先週まで在学していたハンサムな若者が、その美しい外見をぶち壊すエネルギーと、悩み葛藤する心の模様をビートに乗せて、聴く者の脳と腰、下腹部を刺激し、立ち止まらざるを得ない光に、からまれていきます。そうした世界が、ほとんど十分なテクニックもなくぶつけられ、ほとばしるパフォーマンスに時を忘れ、会場は、ただただ尾崎にコントロールされていました。この初ライブでも、彼が、のちに放出する底知れぬパワーと魅力の一端が垣間見えました。

怒とうの前半が終わり、ピンスポットが彼の顔の部分に絞られると、バラードが始まりました。イントロと同時に、静まり返る会場。愛の歌です。

もちろん、スタジオでの演奏や音源は聴いていましたが、さっきまで高校生だった若者が、よく愛の持つ満足感と、不意に訪れるやりきれない不安感を巧みに表現できるものだと、感心した記憶があります。

「きしむベッドの上で　優しさを持ちより……」

「I LOVE YOU」でした。

演奏が終わると、観客が余韻にひたって、息苦しさに押しつぶされそうになっていました。

ステージ上の手前方に位置した私が、後ろの観客を見渡すと、目に光るものを見せている何人かの顔が確認できました。それが引き金になったのか、自分の目にも、何ともコントロール不能な涙が押し出されてきます。

尾崎を担当した、CBS・ソニーの須藤晃ディレクター（現：カリントファクトリー主宰）と、そして尾崎の所属事務所、マザーエンタープライズの社長・福田信さん（現：同社会長）

の目にも、私とは違う種類の涙が頬をつたっているように見えたのは、気のせいではないでしょう。

捨て曲なしのセットリスト

須藤ディレクターと福田さん、私の三人で、「絶対に伝説のデビューライブにしなければならない」と、数ヶ月から何度も打ち合わせをし、リハーサルを重ねてきました。加えて、それ以前からレコーディング作業に入り、新曲も次々と完成させていました。

また、須藤ディレクターは、尾崎のラフスケッチにしかすぎない新曲のプロトタイプを、本人も交えてレコーディングが可能になるまで仕上げなければなりません。詞のテーマ決めとコード進行は、ほとんどが尾崎との共同作業でした。せっかちな性格の須藤ディレクターの言葉に傷ついて、時にサボタージュを起こす本人を、福田さんがとりなすこともあれば、かつてナベプロでマネージャーの経験を持つ私が、二人の間に入って仲裁することもありました。

かく言う福田さんもまた、コンサートのプランニングは素晴らしいものの、バック・ステージの人間の割には尖っているところがありました。福田さんが立ち上げたマネジメント会社・マザーエンタープライズの最初の資金、五〇〇〇万円を投入したのは、貸付とはいえ、CBS・ソニーでした。それなのに、すっかり忘れたふうの強気な振る舞いには、閉口することもありました。今だから言えますが、尾崎本人だけを残して、新しいチームで出直そうと、何度考えたことかわかりません。

しかし、私は、自分の直感を信じました。今ここで短気を起こして、チームをばらばらにしてはいけない。とにかく、我慢しかない。万人に認められる作品は、レコード、ライブパフォーマンスも含めて、火花の出る摩擦の中からしか、いいものは生まれないと思っていたからです。

たとえるなら名刀だってそうです。熱せられた鋼を何度も大鎚でたたき、水で冷やし、またそれを打ちつける、そのくり返しで精錬されると言います。いい作品、パフォーマンスにはスタッフ同士が火花を散らし、お互い刃を切り結ぶぐらいの関係でないと生まれないということも、これまでの経験で知っていました。ここは、じっと〝忍〟の一字を決め込むことにしました。

尾崎の初ライブのセットリストは、「街の風景」、「はじまりさえ歌えない」、「Bow!」、「傷つけた人々へ」、「僕が僕であるために」、「I LOVE YOU」、「OH MY LITT

LE GIRL」、「ハイスクールRock'n'Roll」、「十七歳の地図」、「愛の消えた街」、「15の夜」、アンコール①「シェリー」、アンコール②「ダンスホール」という、すべて尾崎の作詞・作曲による全一三曲。

今となっては、ヒット曲、超メジャー曲のオンパレードです。いわゆる〝捨て曲〟が一つもないことに驚きます。この時点で、すでにアーティスト・尾崎豊は、完成していたことがわかります。

そして、終演後は、割れんばかりの拍手。観客全員が心を一つに重ね合い、期待と感動に身を委ねていました。「これはたいへんな可能性を持った新人を発掘したものだ」、「自分は何てラッキーな男なんだろう」。尾崎は、自分を限りなく高みに連れて行ってくれるアーティストに違いないと確信したデビューライブでした。

しかし、この日訪れた六〇〇名に近い観客の誰もが、わずか一年ほどで、目の前にいる若者が「十代の教祖」と呼ばれるようになり、「若者の代弁者」、「反逆のカリスマ」などと形容されるロックシンガーになるとは、想像もしていなかったに違いありません。私を含めたCBS・ソニーの関係者もそうです。おそらく尾崎自身も、想像していなかったことでしょう。

なお、ルイードは、天井が低く、ステージは床から三〇〜四〇センチほどで、客席との一体感、熱気は半端じゃなかった。アーティストやプロダクションにとっては、箱の大きさではなく、「ここに立つ」ということが大事なことでした。レコード会社にとっても、売れるかわからない新人を試す場所として申し分ない箱でした。逆に言えば、そんな間口の広さが、数々の未来のスターを生んできたのです。もちろん、安全は大事ですが、消防法の改定や、先のコロナ禍もあって、この時代のような盛り上がりは、もはや望めないのだと思うと、残念でなりません。

ちなみに、ルイードは振動・騒音問題で八七年一月に閉店し、別の場所で新宿ルイードK4として復活したものの、二〇二〇年九月、新型コロナウイルスの蔓延の影響から惜しまれつつ、閉店しました。

二〇一六年二月には、尾崎の息子・裕哉が、初のワンマンライブを行っています。

過小だったデビューシングルの初回枚数

八三年一二月に発売された尾崎のデビューシングル「15の夜」の初回生産枚数は、わずか三〇〇〇枚でした。アルバム「十七歳の地図」に至っては、なんと、一三〇〇枚……。

のちに三〇〇万枚を売り上げる大ヒットアルバムであるにもかかわらず、です。アルバム発売日に、喜び勇んだ尾崎が、近所のスーパーマーケットにあるレコード店で自分のレコードを探したところ、初回枚数が少なかったため、見つからなかった……という話を聞いて、申し訳なく感じたことを思い出します。

私であれば、デビューシングルは、七〇〇〇枚……せめて五〇〇〇枚、アルバムは一万枚からスタートしていたでしょう。というのも、そのころ私は、初回枚数決定の編成会議には、参加できなくなっていたからです。販売促進部長をはずされて、新しい制作部門を組織する必要に迫られていました。SD開発事業部長という立場はそのまま変わらず、自身の制作室を立ち上げ、そこのチーフプロデューサーとなっていました。ここまでの役職を簡単に整理すると、一九七五年一月、当時、邦楽促進課の課長だった私は、邦楽促進の実質的な責任者となり、七七年の一月には、すでに企画制作2部販売促進課から独立していた販売促進部の次長となりました。そして、七九年八月に、販売促進部長に就任。この後、八一年八月に、SD事業部長兼務、八二年一月には、販売促進部を離れ、SD事業部長兼企画室5部長、八三年一月に、SD事業部長兼稲垣制作室チーフプロデューサーとなり、制作へ関与していくことになのです。

当時のCBS・ソニーの社長だった小澤敏雄社長いわく、「今度は宣伝費を使う側ではなく、お金を稼ぐ側をやってくれないか」、つまりは「制作をやってくれ」とのことでした。それも「すでにある制作部隊ではなく、まったく新しい制作部門を作るんだ。人は誰をピックアップしても構わない」と言います。

加えて「それから、初年度の売り上げ目標は一五億、次年度は三〇億とする。君のこれまでの経験、業界内の人脈を活用すれば、できない数字ではないよ」と発破もかけられました。そこで、宣伝マン出身者のみで構成される、稲垣制作室という制作チームを作ったのです。

やりがいもあり、成果も上げていた販売促進部長をはずされる――。突然の話に動揺しましたが、私もサラリーマンです。大胆に人を動かす社長の判断も、深い考えがあってのことだと、すんなり辞令に従いました。のちに、それまでの私は、「少々やりすぎたのかな」とも思い直しました。発売するかしないかの編成権、それに初回の生産枚数、宣伝費の使い方など、邦楽の分野のほとんどの案件は、私の裁量で決めてきたからです。

このやり方に、制作部門なり営業部門なりから直属の上司や常務にクレームが集中したのかもしれません。

その結果、妥協案として、こんな人事になったんだなという気もしました。裏には、社内政治もあったはずです。私の後任を見ると、突然の異動には、私の足を引っ張ろうとする意図があったことは想像できました。普段から、上司である常務の仕事の進め方に疑問を抱き、時折、衝突もしていました。今思えば、そう感じざるを得ないくらい、わかりやすい後任人事だったように思います。シングル三〇〇〇枚、アルバム一三〇〇枚という過少な数字も、私へのしっぺ返しだったのでしょう。もしくは、SD事業部だけが尾崎に乗り気で、後任の宣伝部長には、ピンとこなかっただけなのかもしれません。

とはいえ、尾崎のジャンルがニューミュージックであるだけに、デビューして売り上げが急に上昇するシングル（アルバム）ではないことは確かでした。アイドルのように、スタートで少し売り上げ、数字を稼いで、すぐにテレビの人気音楽番組へのブッキングをし、なおかつテレビスポットを集中的に投下して、火を付ける方法が通用しないのは当然です。

しかし、私が小澤社長と図って立ち上げたSD出身のアーティストたちの目覚ましい成果を考えれば、前述のシングル三〇〇〇枚、アルバム一三〇〇枚という数字は、あからさますぎました。何もできないことが不甲斐なく、唇を噛む思いでした。それほど、尾崎豊というアーティストは、才能にあふれていました。

その後、自身の制作室で、シブがき隊と久保田利伸のヒットにより三〇億円を売り上げ、小澤社長との約束を守った私は、九二年一月に、CBS・ソニー（邦楽）、EPICソニー（洋楽）、CBS・ソニーレコード（洋楽）及びソニービデオソフトウェアインターナショナルの四社を吸収合併したソニー・ミュージックエンタテインメントの代表取締役副社長となるのですが、それはもう少し先の話です。

センチメンタリズムを持った不良の青い炎

圧巻のデビューライブを、さかのぼること一年半の八二年一〇月一一日。

「CBS／SONY Development Audition 1982」にて、「ダンスホール」と「もうおまえしか見えない」を歌い、翌月の一一月二〇日、同オーディションに合格した尾崎は、その人並み外れた歌唱力と表現力で、辻仁成《じんせい》が率いるエコーズとともに、八二年度の最優秀アーティスト賞を受賞し、レコードデビューが決まりました。

SDオーディションの会場は、東京・新宿区南元町のCBS・ソニー信濃町スタジオ。

尾崎は、ジーパンにしわくちゃのシャツ、裸足に雪駄《せった》という、ある種、目の前にスーツで居並ぶ大人をあざ笑うかのような恰好で、見た目にもインパクトを残しました。

また、尾崎のオーディションは、本来は前日一〇日の予定でしたが、そこに彼は現れず、SDプロデューサーである丸沢和宏さんに説得され、翌日にようやくオーディションを受けたという経緯があります。同年の夏、CBS・ソニー宛に送られてきた応募用の「ダンスホール」、「もうおまえしか見えない」、「町の風景」、「Street Blues」の四曲が入ったカセットテープを聴いた者たちは、どうしても尾崎にオーディションを受けさせたかったのです。繰り返しになりますが、それほどまでの逸材でした。

翌八三年、高校三年生になった尾崎は、青山学院大学高等部のある渋谷で同級生らと飲酒し、急性アルコール中毒で搬送された挙げ句、その直後には大学生のグループとパトカーが出動するほどの乱闘騒ぎを起こし、無期限停学処分をくだされました。のちに停学処分は解けましたが、出席日数が足りず留年となり、自主退学を決意しました。

八三年の六月から一〇月、この五ヶ月あまりの停学処分期間を利用して、デビューアルバム「十七歳の地図」が作られることになったのです。東京港区にあるCBS・ソニー六本木スタジオは、連日、静かな熱気に包まれていました。

エリート家庭の生徒が揃う、面白くない高校生活――。自分の父親は、自衛官であるとはいえ、どこにでもあるごく普通の公務員家庭です。家庭環境の違いは、高校入学前からある程度は理解しているつもりではあったものの、実際クラスメートと日常的に話す内容からにじみ出る生活レベルの違いはあまりにも大きく、尾崎は、その違いに触れる会話の時には、まるで神経を鋭利な刃物で切りつけられる思いをしたに違いありません。

すぐに、転校も考えた。しかし、同じ授業料を払っているんだし、ここで逃げたらもう一生逃げの人生が待っている気がする……そう考え直した時に、「そうだ、興味のある音楽で、シンガー・ソングライターとしてチャンスを見出し、クラスメートを見返してやろう」と青い炎を燃やしたことが、そもそも音楽の世界に入る動機だったのではないか。尾崎のバックボーンを少しずつ知るうちに、そう想像したりもしました。

すっかり自尊心を傷つけられた高校生活。音楽創作のテーマは、無限にあったようです。エリート学生の想いは、楽曲創作の動機にはなりづらい。しかし、その対極にある人間は、それをはねのけるため、受けた傷を癒すため、越えてゆくための、自分にとっての応援歌を作ることができるはずです。このころの尾崎には、歌詞の、曲の糸口が無数に転がっていたのではないでしょうか。

八三年の夏から秋にかけて、尾崎の〝歌〟が、次々と完成していきました。

そういえば、ＳＤオーディションの前に、私と若手スタッフを前に、演奏してもらったことがあります。その後、面談では、スタッフの中では一番の年配だった私が質問をしました。

「尾崎君は、いつごろから作曲をやっているの？」。

「中学のころから作曲の真似ごと、作詞は日記みたいな幼稚な文章を書いていました」。

「そうか、今、高一なんだ。詞を見ると、学校生活をテーマにする作品が多いの？」。

「ええ、身近なテーマとなると、どうしてもそうなってしまいます」。

「オリジナル曲のストックは何曲ぐらいあるの？」。

「未完成のものも含めて一五、六曲あります」。

……そうした、他愛もない私からの問いに、尾崎は恥じらうように、小さな声で答えていました。

スタジオでの演奏を聴いたスタッフの反応は上々でした。もっとも、その場にいた人間は、私の部下が揃っていたため、好反応だけだったのかもしれません。しかし私にとって、ほかの人間の評価は、さほど重要ではありませんでした。その時、尾崎の三年後、五年後、一〇年後の姿が、はっきりと見えたからです。

約一〇年もの間、新人発掘の仕事をしてきて、これは初めてのケースでした。

デビュー前でも動員力があったハウンド・ドッグ

オーディションで入賞した尾崎を、どうするのか――。

ＳＤとしての基本方針は、プロダクションは関連会社のエイプリル・ミュージックにまず優先権を与えて、そこが乗らない場合は、他社に預けよう、それも歴史の浅い会社に預けようというものでした。そうすることで、若い会社も育てたいとの考えがありました。

そして、結果的に、福田さんが代表を務めるマザーエンタープライズに話を振ったのです。

マザーエンタープライズには、すでに同じＳＤオーディション出身のハウンド・ドッグを託していた流れもありました。当時は、ロック系の新興プロダクションの勃興期で、マザーエンタープライズと、矢沢永吉のマネージャーだった村田積治さん、ヤマハで中島みゆきや世良公則＆ツイストの宣伝担当だった渡木説子さんが設立した音楽事務所ジャグラーが代表的でした。

マザーエンタープライズには尾崎を皮切りに、レッド・ウォリアーズ、ザ・ストリート・スライダーズなど六組が所属しました。

先のエコーズは、ジャグラーに所属し、八五年にＣＢＳ・ソニーからアルバムデビュー。

ほかにも、同事務所からはザ・ブルーハーツが、インディーズ盤を経てメジャーデビューを果たし、快進撃を続けるなど、音楽業界にしっかり根を下ろしていきました。

ところで、相変わらずシングル「15の夜」、アルバム「十七歳の地図」の売り上げは伸び悩んでいました。しかし、プロモーションは、地道なコンサートの積み重ねと、音楽専門誌、中波、FMラジオ局を、時間をかけて攻めていけば、必ず成果は出ると確信を持っていても、やはりこの過少イニシャル（初回出荷枚数）は、プロダクションサイド、福田さんと、何より尾崎本人にとって汚点として残ってしまうのではないか——。

「稲垣さんらスタッフは大いに評価、支持してくれたけれど、肝心の本流、宣伝部と営業部門は、あまり評価してくれていないんだな」と思われることを懸念していました。

SD部門も、制作費はたっぷりと予算計上しているものの、宣伝費としては、全国ネットのラジオ番組と、音楽専門誌二誌への月一回の定期広告枠しか持っていません。以前、宣伝部長を兼務していた時は、自社発掘の新人の反応がよく出た場合、素早く自分の権限を行使して、宣伝費をダイナミックに投下することで、目覚ましい成果を上げていましたが、今の私には、その権限はありません。

一方、CBS・ソニーは、第一回のSDオーディション「CBS・ソニーオーディション79」の合格者の中から、福田さんに預けたもう一組、宮城県仙台市出身の五人組ロックバンド、ハウンド・ドッグとも契約を済ませていました。

仙台の私立大学の仲間たちで結成された同バンドは、ボーカルでリーダーの大友康平の下、切れ味を売り物にする溌剌たるロックバンドでした。

地元の東北地方では、アマチュアながら、すでにライブ経験も真富。インディーズ盤でアルバムも発売するなど、そこそこの実績を持つグループであったことから、地方放送局の有名ディレクターの紹介で、こちらから頼んでオーディションに参加させたのです。まったくの新人だった尾崎とは違い、最初からある程度の実績が約束されていたバンドという認識がありました。

ハウンド・ドッグは尾崎に先立つ半年前にデビューしていましたが、すでに東北地区では十分に油が撒かれていたおかげで、東北、北海道、九州、関東、関西と、まるで計算されたように順番に火が点いていきました。

会社側の予測より反応が早いと、宣伝、営業サイドも、乗り遅れまいと、あわてて過剰ともいえる態勢を組みます。結果も、そのダイナミックなフォローを裏切りませんでした。

彼らの人気は、レコード・セールスよりも、むしろライブ人気が先行します。最初から、全国のライブハウスの規模をすっ飛ばして、一〇〇〇人前後のキャパシティーのホール・コンサートに駒を進めていきました。

この結果に、私は満足していましたが、尾崎の近い将来の成果は、とてもこんなスケールではないと踏んでいました。福田さんとて、同様の感触だったでしょう。

尾崎〝伝説のダイブ〟

尾崎のデビュー一年目は、世間一般的にみると、ほとんど無名のアーティストでした。青山学院高等部を中退した翌週に、新宿ルイードで白熱のデビューライブを敢行し、八四年八月四日に日比谷野外音楽堂で行われた伝説のライブイベント「アトミック・カフェ・ミュージック・フェス'84」に出演。七メートルの高さの照明用イントレ（移動式足場）から飛び降り、左足を骨折し、メディアなどで大きく取り上げられたものの、まだまだ音楽好きの、ごく一部の人しか知らない存在でした。

その「アトミック・カフェ・ミュージック・フェス'84」。当日、東京千代田区にある日比谷野外音楽堂には、加藤登紀子、浜田省吾、タケカワユキヒデ、宇崎竜童らビッグネームが集結していました。

傍らには、デビューして、まだ間もない新人、尾崎の姿もあります。

尾崎の出番は、七番目。反核をテーマにした同イベントでは、四曲を披露する予定でしたが、異変が起きたのは二曲目でした。この日を含むツアーで、尾崎がイントレに登っては落ちそうになる演出は、何度かありました。ところが、この日に限っては、何かが違ったと、間近で〝事件〟を目撃した出演者、スタッフたちは、そう言います。尾崎がいつものようにイントレに登っていく瞬間、にやりと笑ったと言う者もいます。

そして、二曲目、尾崎は、ステージに向かって左側のイントレから突然、ジャンプしたのです。高さは、七メートル。その瞬間、不気味な音が響き、尾崎は苦悶の表情で顔をゆがめていました。

騒然としたコンサート会場。スタッフに抱きかかえられて楽屋へ運び込まれる。もちろん、一歩たりとも歩けない。ただ、命に別条はなさそうだ。出血もない。とはいえ、間違いなく、骨折しているはずだ。両足なのか、それとも腰もやられているのか——。

しかし、それでも彼のパフォーマンスは終わりませんでした。鳴りやまない演奏に、激痛に耐えながらもステージへと戻り、マイクスタンドを支えに、最後には這《は》いつくばって歌い続けたのです。その時、尾崎は、すでに気を失っていたと言います。ほとんど意識のない中で、全四曲をやり遂げました。

その後、本人の希望もあって、自分が生まれた自衛隊中央病院に搬送され、右足捻挫・左踵骨《しょうこつ》圧迫骨折で全治三ヶ月の重症と診断されました。

このジャンプを、メディアはこぞって報道しました。ほとんどの報道内容は、「狂気のロックンローラー」、「死のジャンプ」といった見出しで、彼の音楽の内容と、今回の怪我との関連性の強い結びつきを解説したものでした。

普段は、ベタ記事しか書かない日刊紙が、社会面のトップを割いて、彼の音楽の社会への影響力、とくに若者の価値観に与えるインパクトに対して、ことさら警鐘を鳴らすスタンスを取っていたことには、違和感を覚えたものです。

図らずも、尾崎豊は一躍、怒れる若者のヒーロー的な扱いを受け、そして、その見方に対する批判も受けなくてはならなくなりました。思えば、それが、尾崎の狂気の第一歩だった気もします。

一九二三年七月に開設され、二〇二三年に一〇〇周年を迎える、フォークの殿堂、ロックの聖地〝野音〟は、老朽化が進んだことから、建て替えられることが決まりました。

七五年四月には、矢沢永吉率いるキャロルの解散コンサートが行われ、七七年七月には、人気絶頂のキャンディーズが、突然「私たち、今度の九月で解散します！」と解散宣言をし、社会現象となりました。建て替えられた新しい日比谷野外音楽堂は、どんな伝説を見せてくれるのでしょうか。

卒業

「死のジャンプ」事件の結果、尾崎のメディアの露出は、質、量ともに増えましたが、それが直接、シングル、アルバムの売り上げにさほどインパクトを与えたわけではありませんでした。もちろん、堅実な上昇カーブを描いてはいるものの、私が手掛けるようになった制作部所属のファンク系シンガー、久保田利伸のほうが、著しく数字が伸びていました。

やはり、「テレビの音楽番組への出演効果の違いかな」と、会社も私も考えました。久久保田は、テレビへの露出を増やすことで、売り上げを伸ばしていたからです。しかし、ここが我慢のしどころだ。彼の勝負は今年じゃないよ、来年だ。もっとライブを重ねて、草原に油を撒くのだと、自らに念じていました。

尾崎の名が一般に知られるようになるのは、八五年一月二一日に発売された四枚目のシングル「卒業」がきっかけでした。前年の、日比谷野外音楽堂での事件で、その名を広く知らしめたこともあったでしょう。

また、尾崎に続いて、わらべの倉沢淳美、斉藤由貴、菊池桃子……。たまたま同じ年に、「卒業」という同名タイトルの曲が相次いで発売され、オリコンの「トップ20」に、同時にチャートインするなど、注目されたことも多少、影響があったと思います。古くは、海援隊の「贈る言葉」（七九年）、松田聖子の「卒業」（八一年）、柏原芳恵の「春なのに」（八三年）など、卒業ソング、応援ソングは、日本では、曲がヒットする要素の一つだからです。

しかし、私は尾崎が紡ぐ歌詞と曲、歌の力だと実感していました。

その後、口コミにより人気が出て、四枚目のシングル「卒業」の中の過激な歌詞も話題となり、三月二五日に発売した二枚目のアルバム「回帰線」は、オリコンで自身初の一位を記録し、尾崎の名は瞬く間に全国へと広がっていきました。

そこから数ヶ月のうちに、尾崎は「十代の教祖」と呼ばれるようになり、「若者の代弁者」、「反逆のカリスマ」といった扱いに変わっていきます。もちろん、彼の才能によるところが大きいのですが、生きていながらもすべてが伝説として語られ、その存在が巨大化していく様子には、目を見張るものがありました。今のようにはＳＮＳなどない時代です。

振り返ると、すさまじいスピードでした。

そして、私は、マザーエンタープライズの福田さんに預けた尾崎は、これからより一層活躍し、いずれ世界へ出ていくだろうと期待していました。この時までは――。

反逆のカリスマ、その素顔

そうした自身の一大転機に差し掛かっている中、一貫して変わらなかったことは、尾崎の、私たちスタッフに対する、尊敬の念を持った接し方でした。

尾崎の死後、三〇年が経った二〇二二年春には、知人・友人による、たくさんの回想や証言がメディアに掲載されましたが、クールでストイックなイメージとは裏腹に、素顔はごく普通の陽気な若者だったとの印象を、それぞれが語っていました。二、三抜粋させてもらいます。

「尖ったやつと思っていたが、しっかりあいさつする好青年だった」。（尾崎の父・健さんの甥、榊原要氏談、中日新聞／二二年四月二五日掲載）

「本当に普通の青年ですよ」、「俺の店を愛してくれて、作ったカレーを『うまい、うまい』と言って食べてくれてね」。（尾崎が常連だった店のマスター、キラー・カーン氏談、東スポWE

B／同年四月二五日掲載）
「最初は全然、友達になると思っていなかったんですけど、話すと結構無邪気で、ちょっとコメディーチックなところもあるし、もう、一、二週間の間にはすごく仲よくなっていました」。
（尾崎の高校時代の同級生、岸田真介氏談、NHK「ニュースLIVE！ゆう5時」／同年六月一〇日放送）

私も、彼からの信頼や愛情を強く感じた出来事を、いくつか思い出します。

一つは、九〇年一〇月に、尾崎がCBS・ソニーに復帰した直後の、ある日の話です。尾崎から私のもとに、急に電話が入りました。直接の電話は珍しいので、何事かと思ってすぐに出ると、「もしもし……」と言う声の様子が、何か変でした。

「はい、稲垣です。尾崎君？」。

「ええ、稲垣さん、すぐ来てくれます？　僕、今、会社（CBS・ソニー）のそばにいます。車を運転していて事故りました。車が狭い道を通っている時、操作を誤ってひっくり返ってしまいました」。

「なんだって⁉ 車か電柱にぶつかったの？ 警察、一一〇番には電話したの？」。

焦りもあって、矢継ぎ早に質問する私に、彼はこう言いました。

「車が一回転して、中で逆さまになっているんです。何か考えごとをしながら、会社に向かっていたら、途中、ハンドルを切るのが面倒くさくなって、道路の端の盛り土に乗り上げてしまいました。気が動転して、警察に電話する前に、まずボスである稲垣さんだろうと、必死で連絡しました」。

「わかった。どこなんだ？ 場所を教えてくれ！ すぐ助けに向かうから」。

やりとりは、ざっとこんな感じだったと記憶します。携帯電話のない時代です。自動車電話からでした。場所を確かめると、会社から歩いて数分の裏路地だと思われました。出先にいた須藤ディレクターに事情を伝え、私と総務部長と、彼の部下三人を連れて至急、現場に急行したことは言うまでもありません。

会社の人間と、尾崎を車から救出し、警察沙汰にはしたくないし、する必要もなさそうだったので、JAFを呼んで車の修繕を依頼しました。無事を確認して、お互いに顔を合わせると、彼は駆け付けた須藤ディレクターと私の手を握り、「心配かけてすみませんでした」。と、か細い声で騒動を詫びました。大そうな目に遭ったにもかかわらず、涼しげな顔で差し出す尾崎の手を、須藤ディレクターとともに握り返しました。

それにしても、横転事故の理由が「ハンドルを切るのが面倒くさくなった」というのには驚きました。こうした尾崎の天然（？）ぶりを表すエピソードは、枚挙にいとまがありません。時間にもルーズで、待ち合わせに平気で一、二時間遅れることは常でした。

八二年一二月、東京都新宿区市ヶ谷にあったCBS・ソニーのビルで、須藤ディレクターと初対面した際も、尾崎は約束の時間に一時間以上も遅刻し、待ちくたびれて帰ろうとした須藤ディレクターとエレベータ前で鉢合わせしたというのだから、大した度胸です。基本的には、真面目な好青年ではあるものの、どこか浮世離れしたところもありました。

もう一つ、尾崎について面白かったのは、会社に顔を出すたびに……とはいえ、彼が会社に現れることは、二、三年に一度くらいではありましたが、必ずレミーマルタンやオールドパーといった高級酒を持ってきてくれたことです。

後援会などの付き合いも多い演歌歌手であれば、そうしたケースもなかったわけではありませんが、ロック、ニューミュージックのカテゴリーで、そうした心遣いをするアーティストは、尾崎だけでした。

彼の家庭は、父親は実直な公務員で、専業主婦の母親と五歳上の兄との四人家族。きちんとした生活を営んでいました。高校生のころ、問題児になったことが不思議に思えるほど、常識的な家庭であるだけに、親にすすめられて、手土産《てみやげ》を持参しているのか……とも思いましたが、そうではありませんでした。

須藤ディレクターには「持ってこないように伝えてくれ」と断っても、毎回のように、彼の判断で高級酒を持参してくるのです。礼儀正しく、憎めない部分がありました。

俺は何処へ走って行くのか

八五年の尾崎は、ライブツアーに、まい進しました。三月に渡米し、約一ヶ月間の休暇をニューヨークで過ごすと、五月七日の立川市民会館を皮切りに、三九都市全三九公演の全国ツアーが行われるのですが、前回のツアーの倍の規模になっていました。ツアー最終日となる八月二五日は、自身初の単独野外スタジアムライブとなった大阪球場での公演で、二万六〇〇〇人を動員。アンコールを含め全一八曲、公演時間は三時間を超えるものでした。

当時、日本のロックミュージシャンで球場でのコンサートを実現させたのは、七八年に後楽園球場公演を行った矢沢永吉など、極少数でしたが、尾崎はデビューからわずか一年八ヶ月という短い期間で、スタジアムライブを実現したのです。

当時のオーディション応募要項。82年度の合格者、尾崎の写真が使われている。

続いて、一一月一日からは、尾崎一〇代最後となるコンサートツアーを敢行すると、一一月一四日、一五日と行われた、代々木オリンピックプールでのライブでは、二日間で三万人を動員しました。

なお、この代々木オリンピックプール公演の模様を収録したフジテレビの番組「早すぎる伝説」が、翌年の一月一四日に放送され、番組終了後にはテレビ局やレコード会社、スポンサーに再放送を希望する署名が殺到、三月二五日に改めて同番組が再放送されることになります。同年七月には、同公演の模様を収録したフィルム「もっともっと速く!」が、全国約一〇〇ヶ所で公開されるや、約二〇万人を動員。本人不在の中のフィルムコンサートでありましたが、二〇〇〇人クラスの大ホールは、すべてチケットが完売しました。尾崎が巨大化するスピードは、さらに加速していったのでした。

そして、一一月二八日、尾崎、二〇歳の誕生日前日に一〇代最後となる三枚目のオリジナル・アルバム「壊れた扉から」を発売します。

しかし、同アルバムの制作が、尾崎を苦しめることになります。俗に「一〇代三部作」と呼ばれるアルバムの第一弾となる「十七歳の地図」は、尾崎の高校の停学処分期間を含め、ほぼ一年間という制作期間が設けられました。第二弾の「回帰線」もまた、前年八月に出演した日比谷野音のライブイベントで、左足を骨折、九月からのツアーが一二月に延期され、その療養期間で作り上げました。

そうした中、「壊れた扉から」は、超多忙なスケジュールの合間を縫って作らなければならなかったのです。八五年の尾崎は、「卒業」と「回帰線」のヒットで一躍、時の人となり、日本中で待つファンのもとに出向くべく、連日ツアーに明け暮れていました。

しかも、発売のタイムリミットは、翌日の二〇歳の誕生日を控えた一一月二八日。「一〇代のうちに三枚のアルバムを出す」という須藤ディレクターとの、かつての口約束が、やがてメディアなどで独り歩きし、その日の発売は、いつしか当然の事実となっていました。

尾崎自身もまた、有名になったことで、生活の環境も激変。やがて二〇歳になると、これまで衝動のはけ口としてきた「学校」や「大人」といった、敵視する仮想の相手がなくなり、「十代の教祖」はそのジレンマに悩まさていくことになります。

同アルバムは、やり場のない怒りから内面の追求へと変わっていく途上を感じさせる好盤となりましたが、内省的となった歌詞やメッセージ性に対しては賛否両論が起こり、オリコンの最高順位は五位と、少々寂しい結果に終わりました。

明けて八六年一月一日、福岡国際センターでのライブ後に、尾崎が無期限活動停止を発表するのは、「壊れた扉から」の発売から一ヶ月後のことでした。

デビューシングルの遺恨がもたらした移籍問題

「CBS・ソニーに独立の資金を出してもらい、まずハウンド・ドッグ、そして尾崎豊のマネジメントを任せてもらう。レコード制作、プロモーションにはあまり興味がないが、コンサートのプランニング、制作には大いに関心がある。何と言っても、ロック、ニューミュージックのジャンルは、プロモーションもビジネス全体も、コンサートが中心になる。幸いレコード会社はどこも、コンサートのプランニング、制作、運営のノウハウがない。

外部の専門家に任さざるを得ない。よし、自分の会社はアーティスト・マネジメントをやりながら、コンサート・ビジネスでも大きくなるのだ」。

「たとえば、ほかのプロダクション所属のシンガー・ソングライターやバンドでも、自分の会社が間に入って、全国のイベンター（プロモーター）とつなげば、新しいビジネスが生まれる。できたら『チケット販売』にも進出したい。このプランの実現のためには、付き合うレコード会社は、CBS・ソニーだけではダメだ。ほかの大手のレコード会社とも、接点を持たなければいけないだろう。でも、今は無理だ。ハウンド・ドッグ、尾崎豊の三年契約が終了した時、その時がチャンスなのだ」。

この当時、マザーエンタープライズの福田さんは、八〇年代後半から始まるであろう、音楽におけるライブ、コンサート中心の世界の拡がりを、こんなふうに、本能的に予測していたに違いありません。レコード会社の幹部たちは、まだそこまで考えていなかった将来の変化を――。

かくして、われわれCBS・ソニーは、その福田さんに、裏切られることになります。

尾崎が、CBS・ソニーで三年ほど活動して、契約更新を迎えた時、「契約条件に納得がいかない」と言われてしまったのです。ハウンド・ドッグも、すでにマザーエンタープライズが立ち上げた新レーベル、マザー&チルドレンに移籍していました。

「納得がいかない」というのは、イニシャル（初回出荷枚数）の話がきっかけでした。

かつての不安が的中しました。尾崎のデビューシングル及びアルバムの、イニシャルの過小と宣伝費の少なさが、後々まで響いていたのです。

「ハウンド・ドッグ、尾崎豊に関しては、あまりにも一方的にメーカー（CBS・ソニー）に利益が偏っている。富の偏在が顕著すぎる。もっと言えば、これまでの一方的な契約で、三年間にわたる恩義は、もう十分返したと考えている」。すなわち、「不平等契約は終了した。これからは、初めて新しい互恵契約にしたい」というのが、マザーエンタープライズ側の言い分でした。

レコード及びCDは、原盤会社といわれるプロダクションが音源を制作し、レコード会社が宣伝して販売しています。レコード会社からプロダクションに原盤印税が支払われますが、仮にアルバム一枚が三〇〇〇円だとして、印税は三〇〇円ほどです。つまりは、「ものを作り出す努力をしているプロダクションにも、もっと利潤が配分されるべきだ」というわけです。

これは、ＳＤの存在の根幹にかかわる問題でした。新人、新曲の調達を外部の力だけに頼るようになって、レコードメーカーはパワーの凋落が始まったとも言えました。そして、質の高い原盤を外部の会社に求めるようになって、メーカー本来の機能を失い、経済活動が商社的になってしまうと、利益率を落としていく。そうならないために、莫大な資金を投下して各種のオーディションを始めたのです。フォーク、ニューミュージック、ロックのジャンルには旧態然とした権威団体は、ほとんど入り込む余地はなく、新規プロダクション、コンサート・イベンター、ローカルのラジオ局、弱小出版社が手掛ける音楽専門誌など、新しいパワーを結集しようとしている矢先でもありました。

新しいジャンル、流れをもっと会社に取り込むため、それも利益率を高めるために、必死で考えた方策が、ここで崩されたらえらいことになる――。

交渉、ニューヨークへ

そのコンセプトを崩そうとする新たな勢力が、自分の膝元から発生しつつある。愕然たる思いでしたが、問題は思いのほか厄介でした。

福田さんの考えには、すでに大勢の賛同者がいました。彼の人脈は同業者五、六名と、東京、名古屋のイベンター、それにカメラマンとデザイナーら若いクリエーター、ほかに音楽評論家の何人かと、他メーカーに強い人間がいると目されていました。

そこで、社内で協議した結果、妥協案として、まず相手側に半分の原盤権を与える（従来はCBS・ソニーが一〇〇％）、そしてプロダクションに六％の原盤使用料を払い、おまけに、これまでこちらが一〇〇％握っていた出版権の半分を事務所側に与えるという、レコード会社側としては思い切った条件でした。

しかし、返ってきた答えは「契約の最終案は、原盤権、出版権、すべてをわが社に渡していただきたい。そして、原盤使用料、こちらは一三％お払いください。もし、この案が呑めないなら、両アーティストとも、単発契約でどうでしょうか。アルバム一枚に関しての契約条件、それにイニシャル、宣伝費の事前提案をしてもらうという方法もあります」という、まるで交渉決裂を望んでいるような条件でした。福田さんには、アーティストのみならず、新しいジャンル、ロック、ニューミュージックの少なくない賛同者がいると思われました。

交渉決裂のニュースは、トップシークレットであるにもかかわらず、瞬く間に社内に漏れてしまうものです。そこで、結果をすぐ、松尾修吾社長に報告しました。松尾さんは、販売促進部時代の私の上司でした。

尾崎だけは、何とかCBS・ソニーに残そうと、須藤ディレクターと相談して、さまざまな策を講じました。福田さんは、われわれの接触を恐れて、尾崎をニューヨークに連れて行ってしまいました。それで、私も須藤ディレクターを、ニューヨークへ向かわせたのです。

八六年九月、ニューヨークで尾崎と下話をさせた後、社長の松尾さんと私が現地に乗り込みました。十分に根回しができていて、須藤ディレクターらは、「松尾さんは尾崎のことをよく知らないだろうから、稲垣さんからうまく話してください」と念を押されていました。

それにもかかわらず、私は大失態を演じてしまったのです……。

I LOVE YOU

私は、この時が初めてのニューヨーク出張で、尾崎とは、現地の焼き肉店で午後六時に会う約束をしていました。例によって、約束の時間に一時間遅れて、彼が現れました。約束の焼き肉店は洗練されていて、日本のそれとは若干勝手が違うものの、リラックスできる雰囲気でした。

それぞれが焼き肉に箸をつけながら、二人の会社幹部は、ニューヨークでの生活について話を聞きます。尾崎は話しながらも、自分の気持ちが完全に整理されていない部分をどうしようか、迷いを隠しているように見えました。尾崎によれば、

「ファンは、君がどのレーベルにいても、中身が素晴らしければ構わないんだから。それに、レコード会社は、コンサートを仕切ることはできない。君は俺のもとを離れたら、コンサートもできなくなるんだよ」。

などと、福田さんから国際電話を通じて吹き込まれているようでした。

「その問題はまったく社長（福田さん）のはったりだ。CBS・ソニーにだっていくらでもルートは持ってるんだよ」。

須藤ディレクターにはそう言われて、どちらの言葉を信じていいものか迷っていました。

しかし、尾崎を説得していた時でした。私は、強烈な時差ぼけで眠気に襲われ、そのまま寝落ちしてしまったのです。無論、松尾さんだけでは十分な説得はできません。

さらには、その夜、われわれの動きを察知した福田さんが、尾崎に国際電話をかけてき

ました。そこから、四、五時間も尾崎を説得し続けたと、後で人づてに聞きました。彼の説得の根拠は、相変わらず「CBS・ソニーにいると、コンサートができなくなる」だったそうです。結局、尾崎は、マザーエンタープライズへ移籍することになりました。

私の失態に対して、松尾さんは、さほど怒りませんでした。尾崎が意思を固めた理由が、私の失態にあったわけではなく、福田さんの粘り強い説得にあったからでした。言い換えれば、情熱があったことを理解したのです。長時間の国際電話。今でこそ、三分で数十円ですが、米国への国際電話が三分で七〇〇円ほどかかった時代です（KDDI料金）。料金はもちろん、福田さんの熱意が、われわれを上回っていたということでしょう。

結局、CSB・ソニーにとっては、尾崎は数多くかかえるアーティストの一人だったのに対して、マザーエンタープライズにとっては、自社の稼ぎ頭のアーティストだったことが熱意や対応の差となって、尾崎はマザーエンタープライズを選んだのかもしれません。

この一件で痛感したのは、どんなに有利な状況下にあっても、ライバルの、ほとばしる情熱には負けてしまうということでした。背水の陣の情熱は、何物にも勝る。明らかに、私のほうが付き合いは長いのに、新参者であっても、情熱のあるほうが、過ごした時間をも超越してしまうのです。

福田さんには援助資金も貸していて、感謝されることはあっても、恨まれることはないと思い込んでいた私自身の甘さも反省しました。「飼い犬に手を噛まれる」ではないですが、自分たちがいい状況下にあると慢心していると、いとも簡単に第三者に負けてしまうのだと、気を引き締め直しました。

その後、マザー&チルドレンへと移籍した尾崎でしたが、須藤ディレクターら懇意にしていた音楽スタッフとも離れてしまい、新しいアルバムの制作は、何度も中断。八七年一二月二二日、尾崎は、覚醒剤取締法違反容疑で逮捕されてしまいます。

難産の末に生まれた四枚目のアルバム「街路樹」(八九年九月一日)の発売後、紆余曲折あって、再びCBS・ソニーに戻ってきたのが、九〇年の一〇月。一一月一五日には、二枚組の大作となる五枚目のオリジナル・アルバム「誕生」を発売。長男・裕哉が誕生したのは、その前年度の七月のことでした。

また、懇意だった角川書店の名物編集者・見城徹さん(現:幻冬舎代表取締役社長)をブレーンに迎え、個人事務所・アイソトープを設立。翌九一年三月二一日には、シングル「I LOVE YOU」を発売します。

ちなみに、同曲は、八七年三月にフジテレビで放送された「北の国から'87初恋」で使用。

脚本の倉本聰が、黒板純役の吉岡秀隆に若者向けの音楽について尋ね、彼から教えられて気に入ったのだそうです。これによりデビューアルバムの収録曲にすぎなかったこのバラードは、広く世に知られることとなり、九一年にシングルカットされた際は、JR東海のCMソングにも起用され、尾崎にとって生前最大のヒット曲となったのです。

夭逝

思いがけない悲報が飛び込んできたのは、一九九二年四月二五日のことでした。尾崎が、東京都足立区内の民家の庭で、泥酔状態で発見され、救急車で搬送されたものの、亡くなってしまったのです。新聞やテレビのニュースでも報じられた大事件でした。死因は、肺に水がたまってしまう肺水腫で、司法解剖によって、残念ながら覚醒剤の服用が判明しました。

葬儀は、四月三〇日、東京都内の護国寺で行われました。ソニー・ミュージックエンタテインメントの常務になっていた私が、葬儀委員を務めました。日本コロムビアやビクター、キングといった歴史の古い会社なら経験があるのかもしれませんが、比較的歴史の浅いレコード会社では、所属アーティストの葬儀に遭遇することは少なく、入社二〇年を超える私にとっても、初めての経験でした。

死因が衝撃的だったこともあり、その死が社会的ニュースになったため、護国寺には予想以上のファンや関係者が詰めかけました。その数は、おおよそ四万人。会場付近はかなり混乱して、警察から強く注意を受けました。

あれから三〇年……。生涯、尾崎は、七一曲のオリジナル曲を発表しました。すべて自身の作詞・作曲でした。

そのうち、一〇代で出した三枚のアルバムに収められたのが二九曲。誤解を恐れずに言えば、この二九曲で尾崎豊は燃え尽きたのではないでしょうか。

実際、二〇歳を迎えた尾崎は八六年、無期限の活動休止に入るのです。そして、渡米してニューヨークで暮らすも、新曲を一つも生み出せませんでした。

帰国後、尾崎は、レコード会社を移籍します。しかし、四枚目のアルバムは再三に渡り発売延期を繰り返し、遂には覚醒剤取締法違反で逮捕されます。

結局、二〇代となった尾崎はいくつかの佳作を発表するも、もはや一〇代のころのような輝きを放つことはできませんでした。そして、もがき苦しむ中、二六歳で生涯を閉じたのです。

尾崎の死後も含めた最大のヒット曲は、ファースト・アルバム「十七歳の地図」の収録曲であり、九四年一月二一日にリカットされた「ＯＨ　ＭＹ　ＬＩＴＴＬＥ　ＧＩＲＬ」でした。こちらは、月９ドラマ「この世の果て」の主題歌として使われ、ミリオンセールスを達成。同ドラマが放送されたフジテレビの大多亮プロデューサーによれば、尾崎は生前から「ぼう大な数のタイアップ依頼を断り続けていた」と言いますが、しかし、大多プロデューサーは、「澄みきった純粋な声」と「都会の片隅に暮らす孤独な男と女の物語」にほかの歌手にはいないと、尾崎にこだわったそうです。

伝説になった男

彼の死後、尾崎豊というアーティストの根源にあったものを考えると、それは劣等感だったのではないかと思います。素晴らしい才能とは裏腹の、すさまじいほどの劣等感です。前にも書きましたが、劣等感がないアーティストは大成しません。劣等感が、何にも勝る原動力だと思うからです。劣等感以上のものは、ない。しかし、持っているだけではダメで、劣等感と正面から向き合い、逃げないことが重要なのです。逃げなかったからこそ、尾崎の生み出した楽曲群には、切ったら血が出そうなリアルさがあったのだと思います。

尾崎の死から三〇年余が経ちました。もし、生きていたら今ごろは何をしていただろう

渋谷クロスタワーにある尾崎豊の記念碑

と、時々夢想します。

須藤ディレクターは、九二年五月一〇日に発売された、尾崎の遺作となる六枚目のオリジナル・アルバム「放熱への証」の制作中、次のように語っていました。

「ある時、『このアルバム作りが終わったら、戦争に行った兵士が故郷のことを思って焚き火を囲んで、みんなが自分の故郷に対する想いをギターで弾き語って歌う、そんなアルバムを作りたいね』なんて話をしたことがありました。明日は自分が死ぬかもしれないという状況下で戦いに挑まなきゃいけない。でも今日は自分の家族のことを思って国に帰った時のことを歌う、そんな歌って歌として強いよね、そんな話です」。

（別冊宝島『尾崎豊　Forget Me Not　語り継がれる伝

説のロッカー、26年の生き様』／二〇一七年刊行）

先にも登場した尾崎の高校時代の同級生、岸田さんは「きっと政治家になっていたのではないですか。よく政治を変えたいと高校時代に話していました。もしくは、ジョン・レノンの『イマジン』のような曲を作っていたと思いますね」（NHK「ニュースLIVE！ゆう5時」／二〇二二年六月一〇日放送）と振り返っています。

そして私は、こう思います。売れるか売れないにはかかわらず、やはり海外には行っていたんじゃないか……いや行っていてほしかったと願います。トライアルする途中で、急逝したことが惜しまれてなりません。

もしくは、バンドを組んでいたかもしれない。ソロでやっていても、いつか行き詰まりますから、尾崎が憧れたブルース・スプリングスティーンや佐野元春ではないけれど、円熟期を迎えても、ソロと合わせてバンド活動もしている――。

いずれにせよ、矢沢永吉、中島みゆき、松任谷由実、サザンオールスターズに続く、五番目の椅子に座っていたことは、間違いないでしょう。

と……そんな思いにふけっていると、オールドパーを手に持った尾崎が、はにかんだ笑顔で「稲垣さん！」とやって来そうな気がするから不思議です。

業界の乗りが悪かったロック・ポップス

――松田聖子さんがデビューした一九八〇年は、音楽業界にとって、どんな年でしたか？

富澤　フォーク・ニューミュージックから、ロック・ポップスに移りかわった、時代の転換期でしたね。私個人も、一曲でメインストリームが変わる瞬間を、目のあたりにしたことを覚えています。

あれは、八〇年の寒い雨の夜でした。音楽事務所、ハートランドの春名源基さんが訪ねて来て、一枚のサンプル盤のレコードを聴かせてくれたことがありました。しかし、私にはピンとこなかった。当時は、フォーク・ニューミュージックの評論家としてやっていたので、そのよさがよくわからず、乗れなかったのです。〝こんなの売れるわけない〟と春名さんには言いました。今思えば、フォーク・ニューミュージックに入れ込むあまり、眼鏡が曇っていたんでしょうね。そのレコードというのが、佐野元春の、発売前のデビューシングル「アンジェリーナ」（八〇年三月）でした。

——セールスこそ芳しくありませんでしたが、佐野さんはライブミュージシャンとして人気を博し、三枚目のアルバム「SOMEDAY」（八二年五月）でブレイクします。

富澤　後日、春名さんに「あの時は、悪かったね」とあやまると、「一誠さん、大丈夫です、当時は誰も乗りませんでしたから」と言われました。聞けば（雑誌「rockin'on」の編集長だった）渋谷陽一さんさえも、最初は反応が薄かったそうです。言ってみれば、それほど新しい音楽でした。

フォーク・ニューミュージックという言葉の時代から、ロック・ポップスというビートの時代へ——。こうして、八〇年代の幕が上がりました。

八〇年代に頼られたニューミュージック系のアーティスト

——八〇年代は、聖子さんを筆頭に、歌謡曲も進化していきます。

富澤　時代の転換期を前にした七九年は、オリコンのヒットチャートのほとんどが、ニューミュージックで占められていました。一方で、歌謡曲は、音楽的にどこか〝ダサいもの〟とされていた。そこで、そのイメージを払拭しようと、各レコード会社は、ニューミュージック系のアーティストに楽曲を依頼するようになりました。翌年の八〇年に、オリコンのトップ二〇位内に入った田原俊彦の「哀愁でいと（NEW YORK CITY NIGHT）」（二〇位）、松田聖子の「風は秋色／Eighteen」（一四位）、「青い珊瑚礁」（一五位）が、その先駆けとなった三曲ですね。

――その後、聖子さんのもとには、ニューミュージック系のアーティストが集結します。

富澤　作詞家の松本隆さんを筆頭に、財津和夫やユーミン（松任谷由実）、細野（晴臣）さんなどが楽曲を提供して、聖子はヒット曲を量産。歌謡曲、アイドル曲とニューミュージックのハイブリッドが生まれて、これがのちのJ-POPへと、つながっていきます。

フォークの言葉にロックのテイストを加えた尾崎

――そうした中、八三年一二月に、シングル「15の夜」、アルバム「十七歳の地図」で尾崎豊がデビューします。最初に彼の歌を耳にした時、どう思われましたか？

富澤　七八年に稲垣さんが立ち上げたSDオーディションの審査員をやっていた関係で、参加者の一人である尾崎のデモ・テープを聴いたのですが、感想を求められても、それを言葉にできないほど感動しました。

七一年に、吉田拓郎（当時：よしだたくろう）の「今日までそして明日から」という歌にショックを受けて大学を辞め、音楽評論の道に進んだ二〇歳のころを、思い出しましたね。歌うんぬんよりも、言いたいことを自分の言葉で叫ぶ。そんなフォークの時代から、ビートに乗せて歌詞を紡ぐ時代に、一気に変わった八〇年代。彼が歌う乱暴なほどのストレートな歌が、新鮮に映った。そして、尾崎は、二〇歳の私がそうであったように、彼とともに生きる同じ世代の若者にとって、かけがえのない存在のアーティストになるに違いないと直感しました。

――尾崎の歌の、どのあたりに感銘を受けられたのですか？

富澤　そのころ、若者が純粋に自分の本音を言うとなると、ツッパリやロックンロールというスタイルが主流でしたが、尾崎は違っていました。本当の意味での〝不良〟でした。

不良とは、インテリジェンスにあふれた人間だからです。なぜ不良になるかといえば、疑問があるからなんですね。頭がよく、繊細だからこそ、自分が置かれている社会に疑問点を見い出して、どうにかしなければならないと思う。鈍感で頭の悪い人間に、そんなことはできません。振り返ると、拓郎も本当の不良でした。彼の時代で言えば、学生運動。

尾崎は、校内暴力や教育問題。一七歳なりに感じる世の中に対する反発や不安などを、自分の言葉で正確に表現していました。

――印象に残る楽曲は、何でしょう？

富澤　たとえば、「15の夜」。〝なんて無力な　15の夜〟と歌っていますが、このフレーズには、彼のやるせないパワーが凝縮されていて、いたく感動しました。

そして、「十七歳の地図」を聴いた時に、私は彼に詩人の顔を見ましたし、フォークの言葉にロックのテイストを加えた、新しいタイプのシンガー・ソングライター像を見ました。毎月、シングルとアルバムを合わせて二〇〇枚以上の新譜を聴いていたその当時、こんなにも衝撃を受けたアーティストは、ほかにいませんでした。

尋常ではない熱気だったルイード

――尾崎との出会いを覚えていらっしゃいますか？

富澤　ＳＤオーディションの流れで紹介されたのが最初で、コイツが〝あの（新時代の）たくろうか……〟。〝それにしては繊細そうだな〟というのが第一印象でしたね。礼儀正しい、普通の若者だなと思いました。それで、生の歌はどんなものかを確認しようと、八四年三月一五日、新宿のルイードで行われたデビュー・ライブを見に出かけたんです。少し遅れて行ったのですが、業界関係者を含めた超満員の場内は、五〇〇人で札止《ふだど》めになっているのにもかかわらず、入りきれない人たちが一〇〇人以上も入り口の前に並んでいました。この日のルイードには、尋常ではない熱気があふれていました。

――稲垣さんも会場のどこかにいたはずの伝説のライブ、いかがでしたか？

富澤　初のステージであるにもかかわらず、ギターを抱えて思う存分、暴れまわっていました。最近はＣＤの音源はいいものの、ステージはそれ程でもない……というアーティストが増えていますが、尾崎はライブでも十分なパワーを持っていた。彼を見るためにつま先立つと、後ろの人たちが前に出て来て、かかとの下に足を入れてしまう。つまり、背伸びをした体勢のまま動けなくなるんです。そんなことは、後にも先にもありません。

当時は「新譜ジャーナル」くらいしか情報源がなかった中、よくぞあんなに人が集まったものだと思います。彼のライブを直接見たことで、レコードを聴いて感じた彼への興味は、余計に強くなりました。

――八四年八月四日に日比谷野外音楽堂で行われたライブイベント「アトミック・カフェ'84」は、ご覧になりましたか？

富澤　尾崎が、突然、イントレから飛び降りた時は驚きました。最初は、何が起こったのかわからなかった。〝死んだのでは……？〟と、会場は騒然となりました。ルイードのころは、まだ知る人ぞ知るという存在でしたが、このライブの事故で、その名を知った人も多いと思います。

――ライブパフォーマーとしての、尾崎のすごさとは？

富澤　八〇年代に入ると、どのアーティストのコンサートであっても、意外性を感じないものになっていました。構成や演出、合間のMC、アンコールまで、エンターテインメントとしてパッケージ化されてきたからです。ところが、尾崎のコンサートは違っていました。セットリストを事前に見ていても、どこでハプニングがあるのか、まるで予測がつかない。だから、一瞬たりとも目が離せない。次はどうなる……という緊張感の連続で、聴き手である私たちは、ただステージを見ていればいいというわけにはいかないのです。八五年一一月一四日、一五日の二日間、代々木オリンピックプールで開催された「LAST TEENAGE APPEARANCE」も衝撃的でした。両日とも一万三〇〇〇人の聴衆で超満員。このコンサートのために、ほかのコンサートがすべてふっ飛ばされてしまうほどのスリリングなステージを、今でも思い出します。

最後のスーパースター、スーパーヒーロー

――八五年一月には、尾崎の名を全国に知らしめた「卒業」が発売されました。

富澤　この当時、私は三〇代半ばでしたが、年齢に関係なく、それぞれの青春を突きつめていけば〝あと何度自分自身　卒業すれば　本当の自分にたどりつけるだろう〟というフレーズにぶちあたる。ということは、「卒業」は、青春の真理を、見事に表現したということになるわけです。こんなにも普遍的でパーフェクトな青春ソングを歌えるアーティストは、彼しかいないと感心しました。だからこそ、尾崎は彼の世代の〝代弁者〟であり〝英雄〟になるはずだ、と確信しましたね。

――しかし、同曲のヒットによって「十代の教祖」と呼ばれるようになり、やがて「反逆のカリスマ」などといった扱いに変わっていくことで、尾崎自身を苦しめる結果にもなります。

富澤　尾崎は、全力で走って〝英雄〟となりました。しかし、若くして祭り上げられたプレッシャーとシンガー・ソングライターの〝宿命〟ともいうべき、自分の身を削っての曲作りに行き詰まってしまいます。彼は一〇代でデビューしてしまっただけに、〝私小説ソ

ング〟を歌うための〝ネタ〟を、あまり持っていなかったからです。中学から高校までの、わずか五、六年ほどのネタを、「十七歳の地図」、「回帰線」（八五年三月）、「壊れた扉から」（八五年一一月）という三枚のアルバムで使い切ってしまった。そして、あまりに真面目すぎたこともあり、心身ともに疲労してしまう。その創造の苦しみは、おそらく本人にしかわかりませんが、その苦しみから逃れるために、酒などを必要以上に求めるようになったのではないでしょうか。

〝遊び〟のない車のハンドルが危険なように、遊びのない人生……。尾崎はあまりにも自分の人生に対して生真面目すぎたのだと思います。

――今、ひと言で述べるなら、尾崎豊は、どんなアーティストだと思いますか？

……売れているアーティスト、いい曲を作るシンガー・ソングライターは、今でもたくさんいます。ただ、本当の意味でのスター、ヒーローではないんです。吉田拓郎、井上陽水、ユーミン、中島みゆき。こうした革命的で、時代を変えるようなアーティストは、今の音楽シーンからは、もう出ない。野球の世界では、大谷翔平という長嶋茂雄以来のスーパースター、スーパーヒーローが登場しましたが、細分化した今の音楽シーンでは難しい。み

富澤　最後のスーパースター、スーパーヒーローです。米津玄師《よねづけんし》、あいみょん、藤井風

んなが一つのものを聴いて、熱狂する時代ではないからです。そういう意味で、セールスだけでは語れない、最後のスーパースター、スーパーヒーローが尾崎豊なんだと思いますね。

富澤一誠プロフィール

長野県生まれ。一九七〇年、東京大学文科Ⅲ類に入学。七一年、在学中に音楽雑誌への投稿を機に音楽評論活動を開始し、J-POP専門の評論家として五二年のキャリアを持つ。日本レコード大賞審査員や日本作詞大賞審査委員長など要職を歴任。現在は尚美学園大学副学長も務める。また、ラジオ・パーソナリティー、テレビ・コメンテーターとしても活躍中。活動五〇周年を記念したCDブック「富澤一誠 私の青春四小節〜音楽を熱く語る！」（ソニー・ミュージック）を始めとして著書多数。

聞き手／橋本達典

第三章　YOSHIKI世界への飛躍

八〇年代の音楽シーンを席巻したソニー

一九八五年、尾崎豊が、シングル「卒業」で、オリコンチャート初登場二〇位にランクイン、続いて発売された二枚目のオリジナル・アルバム「回帰線」が、同チャートで初登場一位を獲得し、スターへの階段を上り始めた、この年――。CBS・ソニーもまた、大きな躍進を遂げました。

快進撃の始まりは、七七年に、レコード（及びテープ）の生産実績で、CBS・ソニーがナンバーワンカンパニーとなったことでした。一九六八年の創業にあたって、当時の大賀典雄専務（七〇年より代表取締役社長）が、「われわれは一〇年後、日本一になるんだ」と檄を飛ばされたと聞きますが、その言葉が決して偽りではなかったことが証明されたのです。

創業一〇周年の七八年には、SDの理念に基づくオーディション「ラブ・アイドル・アタック」を開催。翌年、「ミスター&ミス・セブンティーン」コンテスト、「CBS・ソニーオーディション」がスタートすると、破竹の勢いで、レコード業界のトップに上り詰めていきました。

そして、八五年には、主なＳＤオーディションの出身者だけでも、大滝裕子、松田聖子、久保田早紀、竹本孝之、網浜直子、松本典子、国生さゆり、渡辺美里、城之内早苗、渡辺満里奈、工藤静香（以上、「ミスター＆ミス・セブンティーン」コンテスト）、五十嵐浩晃、堀江淳、ハウンド・ドッグ、村下孝蔵、三門《みかど》忠司、白井貴子、大江千里、ザ・ストリート・スライダーズ、尾崎豊、エコーズ、バービー・ボーイズ、Ｔｈｅ東南西北《とんなんしゃーぺー》、聖飢魔Ⅱ、レベッカ、てつ１００％、ユニコーン、ザ・ペッパーボーイズ、エレファントカシマシ、X（現：X JAPAN）、ザ・ブーム（以上、「ＣＢＳ・ソニーオーディション」）ら多くのアーティストを輩出。

当時は、音楽番組の出演者の大半が、ＥＰＩＣソニーを含めたＣＢＳ・ソニーグループのアーティストだったほど、テレビ、ラジオなどを含めたメディアを席巻していきます。

このＥＰＩＣソニーは、七八年八月、ロック・ポップス系のレーベル「ＥＰＩＣ」（七一年一月に発足）が独立する形で新たに設立された、ＣＢＳ・ソニーの関連会社です。

とりわけ、ロック系のアーティストに強いこだわりを見せた独自性の高いレーベルで、当時のティーンエージャーの心をわしづかみにすると、日本のロックを、一般にまで浸透させることに貢献しました。佐野元春、ラッツ＆スター、ザ・モッズが、八〇年代前半の

ＥＰＩＣソニーを盛り上げてくれました。

ＥＰＩＣソニー、初の大ヒットは、七九年九月に発売された、ばんばひろふみの「ＳＡＣＨＩＫＯ」でした。フォーク系のポップスです。ちなみに、同曲のアレンジャーは、「青い珊瑚礁」など、初期の松田聖子サウンドを支えた大村雅朗が担当していました。その後、彼が、佐野を筆頭に、大沢誉志幸、大江千里、渡辺美里、小室哲哉、岡村靖幸らアーティストとともに、八〇年代中盤から訪れるＥＰＩＣソニー黄金期を築いていったことは、必然だったように思います。

近年、若者の間で七〇年代、八〇年代のシティポップがブームとなっていますが、大村もまた、再評価されていいミュージシャンの一人ではないでしょうか。四六歳という若さでこの世を去った彼の功績を称え、没後二五年の二〇二二年には彼の生誕地である福岡に縁深いアーティストが集結。さらに二三年二月には音楽の殿堂大阪フェスティバルホールでメモリアルライブが開催され、大沢誉志幸、槇原敬之、八神純子、渡辺美里らが大村アレンジの楽曲を熱唱したと言います。

ほしいのは秀才よりも才能むき出しの〝鬼才・奇才〟

ＣＢＳ・ソニーの躍進とともに、ＳＤの実績が上がってくるにつれて、いくつか課題も出てきました。課題の一つは、人材の確保でした。ＳＤの理念であるアーティストの発掘・育成には、担当者やスタッフに、それ相応の力が備わっていなければなりません。そのため、ＳＤ事業部では、制作・宣伝マンの採用は、ＣＢＳ・ソニーの採用基準とは別にしなければならない。ある種、〝偏った〟専門的な人材が必要だと私は考えました。

当時は、レコード業界で、分業化・専門化が進み、台頭し始めてきた大手プロダクションが、アーティストの発掘やマネジメント、原盤制作、著作権管理まで、幅広く行うようになっていました。極論すれば、アーティストの発掘・育成はプロダクション。レコード会社は、外部からの持ち込み原盤の製造・販売という分業化が進んでいた時代です。

そうした時代の変化を前に、ＣＢＳ・ソニーでは、関連プロダクションのエイプリル・ミュージックでアーティストのマネジメント、原盤制作、プロモーションなどを行ってきたわけですから、ＳＤ事業部の発足を機に、より適した人材が必要だと考えるようになったのは、当然の流れでした。

ところが、ナンバーワンカンパニーになったあたりから、どうしても優秀な、文字どおり成績表で〝優〟の数の多い秀才を採用し始めるようになりました。しかし、制作現場に必要な人材は、秀才ではなく、才能がむき出しになっている、骨のある職人気質の〝鬼才・奇才〟ではないのか——。

そのため、SD事業部では、「学歴など一切、問わず、幅広く社外募集をかけ、二、三年間ほど様子を見た上で、正社員として登用する」というやり方をとることにしたのです。SDは、新人アーティストのリクルートであり、新人スタッフのリクルートも兼ねているとの考えが私にあったからでした。

アーティストによって鍛えられた当時のディレクター

現在、ソニーミュージック・エンタテインメントの最古参の一人となったシンガー・ソングライターの浜田省吾に言われた言葉で、忘れられないひと言があります。

「稲垣さん、僕はソニーのディレクターを何人育てればいいですか？」——。

確かに、担当だった須藤ディレクターは、浜田に鍛えられて一人前になり、のちに尾崎豊を世に送り出しました。ほかにも、お世話になったディレクターは何人もいます。矢沢永吉、南佳孝を担当していた高久《たかく》光雄君もそうです。

そして、その言葉には納得がいったので、「申し訳ない」と答えたことを覚えています。ただ、彼は、別に文句を言ったわけではありませんでした。「たまには、自分のわがままも聞いてくださいよ」という意味でした。

アーティストも十人十色ですが、浜田は、曲を作る才能が、明らかにディレクター陣よりも優れていました。さらには、人柄も良かったから、誰にでもうまく対応する。山下達郎も、同じく、ディレクターを育てるアーティストでした。それを、ことさら自分で言わないところが、一流の一流たるゆえんなのです。

ミュージシャンとして実績を残し、転身した社内ディレクターは別です。ただ、この部分を勘違いするディレクターもいるので困ることがあります。

入社当時は、素人同然だったディレクターが、後になって、やれ「あのアーティストは、俺が育てた」と吹聴し、社内ディレクターはディレクターとしか言わないのに、いつしか「プロデューサー」と名乗り始める。本当は、アーティストに育ててもらっていることを、忘れてはなりません。広い意味で、宣伝マンもそうだと思います。

しかし、さすが、海外は力量が違いました。久保田利伸が米国に進出した時のことです。

久保田利伸の全米デビュー当時の著者

当時、久保田は、日本ではすでに大物でしたから、私が、CBSレコード・コロムビアレーベルの制作部長に、「あなたがやってくれ」と頼み込んだのです。しかし、久保田が曲を作ってくるたびに、「こんなのはダメだ」と突き返される。

そうしたやり取りを三回ほど繰り返した時、ついに、久保田の怒りが頂点に達しました。

すると、その米国の制作部長が、久保田のメロディーを、その場で作り変え、歌詞も変えて、さらに歌ってみせました。それを聴いた時の久保田の「まいったな」という表情が、今でも忘れられません。

「文句を言うだけのことはある。海外には、こんな優秀な男もいるのだな」と感心しました。

日本とは、根本的な力量がまったく違う。多くのディレクターが、アーティストになめられないだけの実力を備えていました。

数年で倍以上になったSD予算

話が横に逸れました。もう一つの課題は、アーティストを預けるプロダクションです。ＣＢＳ・ソニーがオーディションで発掘したアーティストは、まずは関連会社である「エイプリル・ミュージックに預ける」というのが、ファーストオプションでした。そこが乗らない場合は、ほかのプロダクションに預けるわけです。自社プロダクションの育成も、ＳＤの課題の一つでした。実際、ＳＤ出身のアーティストは、エイプリル・ミュージックはもちろんですが、松田聖子はサンミュージック、堀江淳は研音といった具合に、ほかのプロダクションに預けて、育成していきました。

ですから、プロダクションと対立する気は毛頭ありませんでした。あくまで、われわれは、外部のプロダクションと協力関係を築きながら、レコード会社の原点を追求していきたいと考えていたのです。それは私がプロダクション出身者だという事情もありました。「原点」とは、これまで何度も申し上げたように、アーティストこそが、レコード会社の基盤であるということです。そのアーティストを発掘・育成することが、レコード会社の存在理由であると、今でも考えています。

ただ、ほかのプロダクションに預けるにしても、当時はニューミュージック系のプロダクションが少なかったため、優秀なスタッフや若いプロダクションに資金を貸し付けて、プロダクションの育成を試みました。それが、尾崎の章で述べた、マザーエンタープライズやジャグラーという新興のプロダクションでした。

その代わり、われわれが発掘し、ブラッシュアップし、テレビスポットもラジオも実施するのですから、向こう三年間は、こちらに優位な契約を結ばせてもらいます。アーティストはもとより、会社のスタッフも、自社プロダクションも外部プロダクションも育てるという、プロフィッタブルな契約条件で会社の利益にも貢献する。ＳＤとは、こうした総合的なプロジェクトだったわけです。

このころは、予算規模も大きくなりました。オーディションや宣伝予算など、すべて含めると四、五億円ほどかかります。そこで、ＳＤ事業部には、年間五億円という破格の予算が託されることになったのです。第一回のＳＤの予算が二億円でしたから、倍以上になります。

社内では、反対意見があったようですが小澤敏雄社長が、「よし、やろう」とリスクを承知で後押しをしてくださったことで、可能となった額でした。小澤さんは古河鉱業（現：古河機械金属）からソニー本社に入った、メーカー出身者であるため、音楽業界という川の「上流」を押さえる重要性を、よく理解されていたのだと思います。

レコード売り上げ上位の七五％を占めたSD出身アーティスト

この一九八五年は、歌番組をジャックするまでになっていたことからもわかるように、EPICソニーを除いたCBS・ソニーだけでも、レコード（及びCD）売り上げ上位二〇位のうち、SD出身アーティストで七五％を占めるまでに成長していました。SDが事業部として独立したころには、私個人では、CBS・ソニーグループのトータルで、三〇％くらいが適当なバランスだろうと考えていたところ、予想をはるかに上回る大きなシェアを占めるまでになっていました。

「三〇％くらいが適当」というのは、外部のプロダクションから危険視されるからです。レコード会社の仕事は、その一社の社内調達だけでは、全部カバーできません。また、やれない時代にもなっていました。そのため、プロダクションとの対外的なつながりが、非常に大事になっていきます。しかし、あまりにシェアが大きくなってくると、「ＣＢＳ・ソニーはプロダクションと手をつながないのではないか？」と解されかねません。そのため、あくまで私の体感ですが、三〇％くらいが適当だと考えていました。

さらには、ＳＤ出身のアーティストを、外部のプロダクションに預ける場合、最初の三年間は、われわれに有利な契約を結んでいましたが、それが厳しい条件だと思われてしまう部分も、若干はありました。

尾崎の移籍問題にあたって、福田さんに言われたことでした。ＳＤ事業部としては、アーティストを発掘するまでに、かなりの予算を使っていますから、それを回収しなければなりません。しかし、プロダクションやアーティストからすれば、「そんなに巨大なシェアを誇りながら、こんなにも搾取するのか……」と映らないこともないのです。

結果、ハウンド・ドッグのように、そのことが理由で、ほかのレコード会社へ移籍してしまうこともありました。

ですから、一方的な契約というわけではなく、われわれレコード会社も儲かるし、預けられたプロダクションも喜ぶ、「共存共栄の関係」になるような対応を、スケールが大きくなるほど、きちんとやらなければならない。この部分のコミュニケーションが、マザーエンタープライズとは、うまくいきませんでした。

ハウンド・ドッグ、そして尾崎が移籍した際の反省点は、そこです。そのため、八六年の春には、契約条件の一部を緩和することにしたのです。

ロック志向のレーベル「FITZBEAT」の立ち上げ

内部の調整にも、なかなか苦労しました。オーディションに合格したアーティストの振り分けです。SDのスタートは、EPICソニーを作ったころでもあり、EPICソニーの人間からは、「SDからは取りたくない」との声が上がることもありました。SDの事業部長、つまり私はCBS・ソニーの販売促進部長でもあるわけで、「CBS・ソニーからアーティストをもらうことなどできるか！」というのです。気持ちとして、至極、当然だと思います。

CBS・ソニー内部でも、ディレクターによっては、「会社のオーディション出身者はやりたくない」という人もいて、「自分で見つける」と言って、SDより早めに新人アーティストを青田刈りすることもありました。ほかにも、担当ディレクターが最後の最後には乗らなかったことで、新人のアーティストが飼い殺しになることもありました。

しかし、SD事業部としては、ぜひ、育成をしたい――。

とはいえ、EPICソニーに比べてCBS・ソニーはロックに弱いこともあって、外部から、エグゼクティブ・プロデューサーとしてベーシストで作曲家の後藤次利さんを迎えて作ったのが、CBS・ソニー内のロック志向の新レーベル「FITZBEAT（フィッツビート）」です。レベッカ、聖飢魔IIは、このレーベルの所属でした。

また、単純に、「アマチュア界で、ある程度、売れているアーティストを、SDが自分のオーディションに流し込んでいるんだ」という声もありましたが、これは、SDの実績が上がってくるにつれて出てきた〝やっかみ〟だったと理解していました。

しかし、やっかみではなく、実際に「インディーズで評価を得ているのに、新人扱いするなんて、SDはおかしいのではないか」と、CBS・ソニー内部で意見がわかれたこともありました。

それが、X JAPANでした。当時は、まだXでしたが、ハードロックのジャンルはCBS・ソニーにはなかったので、まっさらの新人ではないものの、押し切りました。SDの目的の一つに、ジャンル、レパートリーの拡大があったからです。

CBS・ソニーが演歌を推進したのも、そのためでした。七〇年代には、アイドル、ニユーミュージックのほか、演歌にも力を入れていて、将棋の内藤國雄九段が歌った「おゆき」（七六年五月）を始め、杉良太郎の「すきま風」（七六年一〇月）や、実に、二〇〇万枚を売り上げた渥美二郎の「夢追い酒」（七八年二月）などのロングセラーヒットを生み出しました。藤あや子、伍代夏子、石原詢子という女性歌手三人は、九〇年代の演歌の屋台骨を支えてくれました。

ＳＤ出身のハードロックバンドには、メンバーの多くが、私と同じ早稲田大学の出身で、テクニシャンが揃う聖飢魔Ⅱがいました。二〇二二、二三年には、デビュー三五周年ツアーを行うなど、現在もファン（信者）に愛される存在でいることは、嬉しい限りですが、当時はデーモン小暮閣下の突出したキャラクターもあって、多少〝イロモノ〟として見られるきらいがあったことが残念です。

華々しいパフォーマンスと売り上げを誇るＸ伝説

さて、その社内での意見を二分させたＸの話です。Ｘは、ＣＢＳ・ソニーが大躍進した八五年の六月一五日に、一作目のシングル「Ｉ，ＬＬ ＫＩＬＬ ＹＯＵ」を、ＤＡＤＡ Ｒｅｃｏｒｄｓからリリース。翌年の四月には、リーダーでドラマー、ピアニストのＹＯＳ

HIKIが、自身のレーベル「エクスタシーレコード」を設立し、同月一〇日に、二作目のシングル「オルガスム」を発売します。当時、彼は一九歳でした。

続いて、八八年四月一四日にリリースした一枚目のアルバム「Vanishing Vision」が、発売わずか一週間で、当時としては異例の初回プレス一万枚を完売し、インディーズ・レーベルでありながら、メジャーチャートであるオリコンのアルバムチャート一七位にランクインします。これは、日本のインディーズ史上、初の快挙でした。

その後、ハードロック、ジャパニーズ・ヘヴィメタルの枠を超え、ヴィジュアル系ロックバンドという新しいジャンルを切り拓いたことは、ご存じのとおりです。彼らもまた、SDの出身でした。

「Vanishing Vision」は評判となり、Xのメジャー進出に伴って、レコード会社同士の争奪戦となりました。その結果、八七年一二月二七日に行われた「CBS・ソニーオーディション」に出場し、八九年四月二一日、X専用に作ったプライベート・レーベル「SIREN SONG」から、一枚目となるアルバム「BLUE BLOOD」でメジャーデビューを飾ります。

ちなみに、聖子を担当し、この年のオーディションで審査員の一人を務めた若松宗雄ディレクターは、「一組一〇分、せいぜい一五分の持ち時間を大幅にオーバー。ワンマンライブのようだった。ずば抜けていました。型破り。こんなグループがいるんだ」と自身の動画（「若松宗雄チャンネル」）で回想。驚きをもって初対峙したXのすごさが語られています。

実際、ボーカルのTOSHI（現在：Toshi）が、「俺たちにはコンテストなんて関係ねえから。お構いなく、好きなようにやらしてもらうからな！　お前たちも関係ないと思ってやっちゃえよ」と乗りの悪い審査員と、おとなしめの客席を煽り、歌い、叫ぶ、圧巻のパフォーマンスでした。

この時、Xは、オーディションに出ることも出たことも漏らさないことを条件に出場。Xのファンは誰一人いないアウェーな状況で、「DEAR LOSER」、「紅」、「オルガスム」を演奏。たった三曲で、客席の心をつかむなど、底知れぬポテンシャルを、われわれCBS・ソニーの関係者に示したのでした。

競合ひしめく中、XがCBS・ソニーと契約した理由は、「交渉にあたった他社のディレクターたちがあまりに横柄な態度をとっていたため。これにメンバーが怒りを覚え、交渉は冷静に対応できるYOSHIKIが担当したと言われる。契約金や契約期間などの条件がもっとも低かったことも『絶対に売れてこいつらを見返してやる』という反骨心が生まれ、契約を決めた一因となった」などとウィキペディアには書かれていますが、私の感触では、半分は正解で、もう半分は、先を見据えたＹＯＳＨＩＫＩの戦略にあったと想像します。将来、世界へ打って出るには、米国のＣＢＳレコードとのパイプがあるＣＢＳ・ソニーが最適だったということもあったでしょう。

また、当時ＣＢＳ・ソニーのスカウト・育成部門所属だった津田直士君（現：フリーランス）の存在も大きかったと思います。津田君は、早稲田大学在学中からプロのミュージシャン・プロデューサーとして仕事を開始し、卒業後にＣＢＳ・ソニーに入社した敏腕ディレクターで、メジャーデビュー時からXを担当したほか、てつ１００％やエレファントカシマシなどを発掘して世に送り出しました。先の、骨のある職人気質の〝鬼才・奇才〟を採用した新人の好例でした。

なお、「ＢＬＵＥ ＢＬＯＯＤ」は、オリコンでは、X史上最多の一〇〇週以上のチャートインを記録し、当時、トップレベルのロックバンドですら一〇万枚の売り上げで大ヒットだった中、この年だけで六〇万枚のセールスを記録。最終的に、八〇万枚以上を売り上げるロングセラーとなりました。元号が昭和から平成へと変わり、新しい時代の幕開けを予感させる、華々しいメジャーデビューでした。

さらば昭和！　第一次バンドブームの到来

平成元年――。八九年は、音楽界のトピックが目白押しの一年でもありました。表の音楽シーンでは、光ＧＥＮＪＩがヒットチャートを独走。ほか、サザンオールスターズ、中山美穂、長渕剛、尾崎豊、氷室京介、久保田利伸らがヒットを飛ばしていました。そして、インディーズでは、有頂天、ザ・ウィラード、ラフィンノーズが「インディーズ御三家」と呼ばれ、鳴り物入りでメジャー・デビューしたのです。

また〝ジャパメタ（ジャパニーズ・ヘヴィメタ）〟シーンでは、八八年一二月に、トップランナーのラウドネスからシンガーの二井原実《にいはらみのる》が脱退し、翌八九年四月には44マグナムが解散。さらには、メタルクイーンこと、浜田麻里が、Ｊ‐ＰＯＰの世界へ飛び込みます。

Ｊ‐ＲＯＣＫシーンでは、八八年四月に、その代表格であるＢＯØＷＹが、東京ドームで「ＬＡＳＴ ＧＩＧ」を敢行し、惜しまれつつ解散。同年九月には、入れ替わるようにギタリストの松本孝弘とボーカリストの稲葉浩志のユニットＢ'ｚがデビューシングルをリリースしました。

テレビも、賑やかでした。八九年二月一一日に始まったＴＢＳ「三宅裕司のいかすバンド天国」（イカ天）がブームとなり、同番組からは、フライングキッズ、ジッタリン・ジン、ビギン、たま、ブランキー・ジェット・シティらがデビューし、空前のバンドブームを巻き起こすことになります。

YOSHIKIの巧みなメディア戦略

先述したように、オーディション当時、Xはすでにインディーズで活躍していたため、社内では、「新人ではないし、SDの対象にはならない」という批判もありましたが、ひと目見て、「これは間違いなく売れる！」との直感があり、半ば強引に押し切った経緯があります。私が個人的に、大音量のヘヴィメタルバンドが好きだったこともあります。

しかし、聖子しかり、尾崎もしかり。レコード業界で長くやっていると、こうしたピンとひらめく瞬間が、ごく稀にあるのです。

派手な髪型に化粧を施したヴィジュアル系の走りと言えるルックスの良さはもちろん、私を強くひきつけたのは、YOSHIKIが作る楽曲でした。YOSHIKIは、子どものころからクラシックを学んでいたため、曲に深みがあり、立体的に感じられました。つまり、派手な見た目だけではなく、音楽的な背景をきちんと持っていた。そのルックスとサウンドは、世界に打って出ても通用すると思わせました。

ヴィジュアルからは想像できない、クレバーで戦略家な面も気に入りました。YOSHIKIの才能は、曲作りやバンドの展開だけではなく、記者会見でも発揮されました。事前に「重大発表を行う」と告知をするなど、何をどう発表すれば、メディアが飛びついてくるのかが、本能的にわかっていたのです。二二年、自らがボーイズグループオーディションを始動させた際や、HYDE、SUGIZO、MIYAVIとともにTHE LAST ROCKSTARSの結成を発表した際も、SNSで「YOSHIKI緊急帰国 重大発表記者会見」と銘打ち、会見の様子を生配信するなど、彼らしいもったいぶったやり方だと、思わずほくそ笑んでしまいました。

CBS・ソニーと契約後は、エイプリル・ミュージックからわかれたCBS・ソニー関連の事務所に所属させたのですが、彼らの記者会見の仕切りに、事務所スタッフの出る幕はありません。主役のYOSHIKI自らが、常にネタを探して、その鮮度を保ち、タイミングを見計らって果敢に打って出るのです。そのうまさ、タイミングは、聖子と双璧をなすものでした。記者会見とともに、広告や宣伝活動に対しても意欲的で、これだけ宣伝や露出の価値を見出し、率先して行うアーティストは、当時の音楽業界では初めてでした。

そういえば、尾崎とも共通点があります。それは、約束の時間に必ず一時間ほど遅れることです。日本でも海外でも同じでした。尾崎の場合は、彼のどこか浮世離れした人間性が起因していたと思いますが、YOSHIKIは、遅れることで、その場の主導権を握ろうとしている、そうした意図が感じられました。ちなみに、尾崎は、午後四時に誰かと会う約束があれば、その時間から準備を始めると言っていました。そう聞かされた時は、「待たされる身にもなってみろ」と少し腹も立ちましたが、今ではいい思い出です。

SME上場の立役者！　男気あふれる好漢秘話

YOSHIKIは、実に男気のある好漢でもありました。九一年一〇月のことです。東京証券取引所が、ソニー・ミュージックエンタテインメントの市場第二部（現：スタンダード）上場を大蔵大臣（当時）に申請しました。上場にあたって、CBS・ソニーやEPICソニーを統合したことで、同年四月一日より、CBS・ソニーから社号が変更されました。その上場の際に、YOSHIKIに助けられたのです。

東証二部上場は、大賀会長からの命と、「レコード会社を、いわゆる芸能界的な世界にとどめてはならない。産業という基盤に立脚したレコード会社であるべきだ」という小澤社長の理念を証明するためのものでした。産業としてレコード会社が成り立つ条件（基盤）は、コンスタントにアーティストを発掘・育成し、供給する力があるかどうかです。

われわれの実績、つまりはSD事業によって、継続的にアーティストを供給している実績が、会社の業績を伸ばし続ける可能性――。

すなわち、レコードビジネスが、いわゆるモンキービジネス（水もの）ではないことを、世の中に証明しようというのです。

しかし、日本コロムビアが上場しているだけで、レコード会社では、ほかに前例がありません。CBS・ソニーの上場は、今後のモデルケースとして厳しい審査がありました。また、上場して高値がつくためには、上場の二年ほど前から、高い売り上げを計上することが望ましかった。八九年はよかったが、九〇年はまずまず……。それには、何としても、九一年の売り上げを伸ばさなければなりません。それが見込めるのは、Xの新譜の大きな売り上げでした。

そこで、私は、YOSHIKIに交渉をしました。すると、彼は、「わかりました。その代わり、大きなタイアップを取ってください」と条件付きですが、快諾してくれました。これにはいたく感激しました。当時Xは、九一年七月一日に発売した三作目のアルバム「J ealousy」のレコーディングのため、ロサンゼルスに滞在していたのですが、遅延が続いていたので、急遽現地の三つのスタジオを押さえ、ディレクター三人を派遣して、突貫工事で取り掛かりました。

それまで、だらだらと作業していたことが影響して、レコーディング費用は、おそらく八〇〇〇万円ほどかかったかと思います。しかし、オリコンでは、XJAPAN名義も含めて初動でバンド最高の六〇万枚以上を売り上げる大ヒットを記録し、この年の売り上げは無事、確保できたのです。

このアルバムのレコーディングには余談があります。最終的に八〇万枚以上売れたので、ペイできてはいたものの、高額なレコーディング費用が社内で問題になったのです。ある時、大賀会長から、「Xのアルバムは、いくらかかったんだ?」と詰問されたことがありました。私は、「八〇〇〇万円ほどかかりましたが、ちゃんと利益はクリアしています」と答えましたが、会長の怒りは収まりません。

実は、当時は、ソニー本体が米国のCBSレコードを買収して(八八年一月)、親会社となり、海外の大物アーティストが野放図に使っていたスタジオ費用を、厳しくコントロールしていた時期でした。そうした中、大賀会長に、マイケル・ジャクソン側から抗議があったそうです。「Xという日本のバンドがロサンゼルスで好き放題やっている。マイケルは、全世界で一〇〇〇万枚売るアーティストですよ？　Xとやらは、どれほど売るんですかね」と、やんわりと圧力をかけてきたと言います。

この件で、大賀会長がひどく苦しんだことは確かで、私がその後、CBS・ソニーの社長になれなかったのは、この一件のせいではないかと思っています。……というのは、冗談ですが、たとえそうだとしても、私はYOSHIKIには深く感謝しています。

世界を視野にストイックな姿勢を貫く

CBS・ソニーがソニー・ミュージックエンタテインメントに名称を変更し、東京証券取引所市場第二部に上場を果たした五年後の九六年七月、私は新設のSME・アクセルの代表取締役社長に就任することになります。SME・アクセルは上場益で得た利益の使い道を考えるシンクタンク会社で、グループ会社間のシナジー効果を発揮できる新規事業がミッションでした。上場還元という素晴らしい目的ではありますが、レコード会社の本流である制作宣伝部門から外されたことになります。

これまでかかわってきたアーティストたちが新体制のもと今後どうなっていくのか、気にならなかったといえば嘘になりますが〝世代交代〟という理由もあったため納得の上の人事でした。

その後、XはCBS・ソニーとの契約が切れたこともあり、ワーナー・グループに移籍しました。九二年四月のことです。

記者会見好きなYOSHIKIは、同年八月に、ニューヨークのロックフェラー・センターに記者を集め、世界進出を果たすべく米国のタイム・ワーナーと契約したことなどを発表しました。海外では、アトランティックレーベル、日本ではワーナーミュージック・ジャパンから作品をリリースすることになったのです。同時に、この時、米国で同じ「X」というバンドが活動していたため、X JAPANに改名しました。世界進出を目指す彼らの想いを以前から知っていた私は、ソニーだけの枠にとどまらず外に出るのもありかもしれないと思ったものです。

しかし、運命とは面白いもので、九八年三月、そのワーナーミュージック・ジャパンに、私が会長として転職することになるのです。ソニーの社長だった出井伸之さんより「スカパー!にソニーも積極的に参入したい」と内々の依頼があり、デジタル放送事業を行う新会社SMETVの会長となって音楽専門チャンネルでの実績を出した直後でした。このころ実は、もう一度レコードの現場に戻りたいという気持ちが強くなっていたのですが、ヘッドハンティング会社を通じてワーナーから誘いを受けたのです。

ワーナーの会長に就任し「さあ行くぞ」という気持ちになっていると、ＹＯＳＨＩＫＩから連絡があり、「僕の個人レーベルを、ワーナー・ジャパンでやってくれませんか？」と話を持ち掛けてきました。彼には恩があります。二つ返事で承諾しました。

何かお願いする時は、手ぶらではしないところが、彼が好漢たるゆえんです。

その時も、「ところで、ワーナーでは今期どれくらい売り上げが不足しているんですか？」と聞くから、「三〇億円くらいかな」と答えると、「わかりました、稲垣さんのためにやりすよ」と頼もしい返答をくれたものです。

また、ＹＯＳＨＩＫＩのストイックなところにも感心しました。己の欲望に忠実なところがある反面、すごく禁欲的な面もある。

それは、自分が何を求めているか、将来どうなりたいかがわかっているからです。

ロサンゼルでレコーディングしていた時もそうでした。ほかのメンバーは日本からガールフレンドを呼んだりして楽しんでいるのに、ＹＯＳＨＩＫＩは、そんなことには目もくれず、英会話と法律の勉強に励んでいました。

要は、弁護士の力を借りずに交渉や契約ができるよう、その礎を作っていたのでした。海外のビッグネームは、パーソナル弁護士とツアー・マネージャーと宣伝を担うパブリシストを雇いますが、これらをプロダクションがすべてやるのは、日本くらいのものです。海外では、側近として弁護士を雇うのが当たり前で、日本では、プロダクションの社長が弁護士の代わりをしている。それでは、契約社会の米国ではやっていけません。

ＹＯＳＨＩＫＩは、このころから、いや、それよりもずっと前から世界を目指して、努力し続けていたのでしょう。

ほかにも、原盤制作費を自ら支払うことで原盤権を獲得するとともに、自前の音楽出版社を立ち上げました。ＹＯＳＨＩＫＩは、音楽をビジネスとして成功させるには、原盤権と著作権の両方を持たねばならないとわかっていたのです。

この音楽出版社とは、楽曲の著作権を保有し、印税を得ることが主な仕事で、〝出版〟という名称は、もともと楽譜（スコア）を販売していた名残《なごり》のようなものです。

ＹＯＳＨＩＫＩの行動は、アーティストとしては革命的でした。そして、彼は、その後も個人で弁護士を立てたり、従来の印税に異議を唱えて改善させたり、宣伝プランを自ら立案して宣伝費の用途まで管理したりするなど、既存のアーティストがやらないことを、

新音楽レーベル「エクスタシー・ジャパン」(EXTACY JAPAN)の始動を発表するYOSHIKIと著者

やり続けてきました。

ＸＪＡＰＡＮは、その後、「ＡＲＴ ＯＦ ＬＩＦＥ」(九三年八月)、「ＤＡＨＬＩＡ」(九六年一一月)という二枚のアルバムを発売したものの、ニューアルバムの長期にわたるレコーディングは、ワーナー・ジャパンとの関係をこじらせ、九七年四月には、音楽性・方向性の違いを理由にＴＯＳＨＩが脱退。九月二二日に記者会見を開き、当日をもって解散することを発表します。

しばらくしたのちに、再結成やワールドツアーを行っていますが、ＹＯＳＨＩＫＩ本人の本格的な世界進出は、まだ叶えられたとは言えません。いつの日か、ＹＯＳＨＩＫＩの悲願が達成されることを願っています。

また一つの大きな挑戦へ

この原稿を書いている二三年五月一五日、YOSHIKIはロサンゼルスのグラミーミュージアムで記者会見を開き、ソロシングル「Requiem（レクイエム）」の発売と、一〇月に約九年ぶりのクラシカルワールドツアーを行うと発表しました。さらにはX JAPANとして約八年ぶりのシングル「Angel」のリリースも告知。「また一つの大きな挑戦」と力を込めている姿が目に飛び込んできました。

世界進出——。主に米国への進出を指しますが、これは日本のアーティストやレコード会社にとって、長年にわたり、高い障壁として立ちはだかってきました。

たとえば、松田聖子の場合。米国進出は、かねてより本人の強い希望でした。デビュー前から「歌手になりたい」という強い意欲を持っていましたが、自身の売り出し方などには受け身だった彼女の、初めての意思表示でもありました。しかし、会社としては、やや腰が引けていました。ただ、キャンディーズと山口百恵が引退した後の、CBS・ソニーの最大の功労者ですから、やらざるを得ない。「きっと、うまくいかないと思うよ」と諭しても、本人から「やってみなければわからないでしょう」と言われたら、われわれとしては、やるしかないのです。

聖子の章でも述べましたが、実は八五年に海外デビューを前提にアルバムを作ったところ、英語の発音に難があるとして、発売を見送った経緯がありました。

そうした中、状況が好転したのです。八八年に、ソニー本体が米国ＣＢＳレコードの全株式を取得した結果、「それだったら、本社（ＣＢＳ・ソニー）からのコントロールが利くのではないですか？」と聖子が強く迫ってきました。その勢いの裏には、所属していたサンミュージックの相澤秀禎社長の後押しもあったと想像します。相澤さんは、もともとカントリーバンドをされていた方で、業界で言う〝まるドメ〟、つまり、「まるでドメスティック」（＝国際感覚が欠けている）ではなかったので、海外進出への意欲が強かったように思うのです。

こちらの状況も有利に働きました。競合他社の場合、親会社のメーカー（ＣＢＳ・ソニーで言うソニー）と、子会社であるレコード会社との間には、格差があります。子会社の社長が、親会社に戻ると、平の取締役くらいに落ち着くところ、ＣＢＳ・ソニーは、社長の大賀さんが本社のソニーに戻ったら、副社長という具合に、子会社の意向も打ち出せる環境にありました。ですから、ソニー本体とＣＢＳ・ソニーが一丸となって、米国のＣＢ

Sレコードとの関係を構築し、聖子の海外デビューに向けて、みんなで知恵を絞ったのです。

その結果、聖子は、念願のCBSレコードと契約することになりました。ところが、この時、以前の英語の発音とは別の難題が持ち上がりました。

日本のアーティストに立ちはだかる世界進出の壁

「難題」とは、「聖子がどんな音楽をやりたいのか、はっきりしない」ということでした。聞けば、海外で向こうのスタッフから「何をやりたい？」と問われると、黙ってしまうという……。聖子であれば、当時の憧れはマドンナだったと思います。

ただ、日本の曲作りにおいては、「こんな感じでお願いします」と海外のアーティストのお手本を示して、後は作家が曲を作ることが多いため、口ごもってしまうのでしょう。向こうの制作陣が自分に求めているのは、日本人アーティストのオリジナリティーであって、ものまねではない。それがわかっていても、「日本人として、自分はこう表現したい」というものが、なかなか説明できないのです。

久保田も米国に進出しましたが、満足のいく結果を得ることができませんでした。CB

S・ソニーグループの各国の幹部が集まるコンベンションで、「今度、久保田を米国でやろうと思っている」と話したら、「稲垣、久保田は日本語の歌がうまいのはわかる。でもね、これを英語でやった場合、どうだろう？　しかも、ファンクという競争が激しい分野で、どういう必然性があって、日本人がくるの？　それが米国の音楽ファンには、理解できないはずだ」と指摘されました。その時、得心しました。向こうで求められているのは、米国音楽のコピーではなく、日本人のオリジナリティーなのです。「日本人がやるのに、われわれのコピーをやって、どんな意味があるのか？」」。彼の言葉が、今も耳に残っています。

そう考えると、現在、欧米を中心に、アニソン（アニメ作品のオープニング、エンディング曲、及び挿入歌）やヴィジュアル系ロック、テクノポップなど、日本で独自に進化した音楽が受けていることも合点がいきます。なぜなら、それらには、日本のオリジナリティーがあるからです。

一般的な商品に目を向けても、輸出品や旅行の土産品で強いものは、思想や技術、デザインに、日本独自のオリジナリティーを感じられるものばかりです。その〝オリジナリティー〟が、日本にいるとわからなくなってくる。時には海外の側から指摘してもらって、日本のオリジナリティーを見つめ直す作業が大事になってくるでしょう。

音楽で言えば、ここ数年、海外発で再評価されているシティポップがそうであるように、まだまだ鉱脈はあるはずです。

ちなみに、聖子は、プロデューサーにビリー・ジョエルを手がけたことで知られるフィル・ラモーンを起用して、アルバム「Ｓｅｉｋｏ」を、満を持して全米で発売（九〇年五月、日本では六月）。結果として、アルバム売り上げは日本で三〇万枚、北米・欧州などで一五万枚、東南アジアで七万枚に達しました。また、久保田は、「ＳＵＮＳＨＩＮＥ，ＭＯＯＮＬＩＧＨＴ」（九五年九月）など、計三枚のアルバムを発売しますが、米国の壁は、想像以上に高くそびえ立っていたのでした。

しかし、現在のシティポップブームを見るにつけ、聖子も〝Ｓｅｉｋｏ〟名義ではなく、松田聖子として勝負していれば、オリジナリティーが感じられたかもしれない。

久保田にしても、演歌歌手のジェロのように、初めは珍しさ半分で聴かれていても、ファンク・Ｒ＆Ｂにリスペクトを持って歌い続けていれば、やがて花が咲いたかもしれない。

そうした想像をすると、もう少し見守りたかった気がします。

これまでの音楽とこれからの音楽

さて、昭和から平成に、そして令和へと移り変わり、レコード業界を取り巻く環境は、すっかり様変わりしました。

①CDは、ボタン一つで自分の聴きたい曲を選べるため、アルバムの一曲ずつすべてにインパクトを持たせなければいけなくなり、全体を通して、あるテーマを訴えかけるコンセプトアルバムが減った。

②CDを聴き始めて「つまらない」と感じたら、すぐに次の曲に移ることができることから、リスナーの興味をひいて、つなぎとめておくために、サビをワンコーラス目の頭に持ってくる手法が目立つようになった（通常は、サビは、ワンコーラスの最後の前に持ってくる）。

③それまでは、ジャケットのアートワークも含めて、作品を所有することに喜びと価値を見出すリスナーが多かったが、所有から使用する楽しみに変わった。

……など、ＣＤの普及と、きたる配信時代における変化を分析していたのが、わずか二〇年ほど前のことです。

しかし今は、音楽をスマートフォンで聴く時代であり、パソコンや携帯型デジタル音楽プレイヤーですらないのです。現代の主要ユーザーである、一〇代、二〇代の価値観そのものが激変しています。月単位または年単位で定期的に料金を支払い利用するサブスクリプションは当たり前で、聴き手側も、専用のアプリによって、自分が聴きたい曲を気軽に作れる時代に入りました。

アルバムコンセプトは、より希薄になり、サビをワンコーラス目の頭に……どころか、イントロがなく、冒頭からいきなりサビという曲も珍しくありません。音楽を使用するという感覚すら怪しく、部分的に切り取られた曲が、ＴｉｋＴｏｋやＩｎｓｔａｇｒａｍなどＳＮＳ上に散見しています。

そうした時代の変化に伴う価値観の変化を認めつつも、われわれレコード業界は、現時点ではＣＤを主力商品ととらえ、売らざるを得ないわけで、後は、より良い音質で聴くことの豊かさや大切さを、地道に訴え続けていくしかありません。一〇代であっても、一度、本当にいい音質で音楽を聴けば、その魅力はすぐに認識できる。そう信じて、良質な音楽に耳を傾ける生活こそが幸せなのだという価値観を提示しながら、根気強くキャンペーンをしていくことが求められているのです。

幸い、コロナ禍が落ち着いて、ユーザーの興味がCDなどのパッケージや配信から、ライブ、生演奏に移りつつあります。むしろ、コロナ禍以前より、その価値が高まってきています。音楽の楽しみ方が、原点回帰している予兆は感じられます。

それと同じくレコードやCDの価値をもう一度高めるには、より良い音質への関心を取り戻すと同時に、音楽に対するリスペクトを深めていくことも大事でしょう。

本書でも取り上げた、七〇年代、八〇年代。フォークやロックが若者に受けて、大儲けできると知った時から、われわれは、売り上げを重視するあまり、曲作りも若者偏重になり、売れる曲ばかりを求めてきました。この姿勢をもう一度見直し、普遍的ないい曲、いい音楽を作っていかなければならないのです。

そうすることで、もう一度、音楽へのリスペクトが構築され、きちんとしたパッケージを所有したい、多少高額でも手に入れたいと思ってくれるはずであり、最終的にはビジネスの拡大にもつながると信じています。

「音楽には、良い音楽と良くない音楽、新しい音楽と古い音楽、売れる音楽と売れない音楽がある」とは、私が長いミュージックマン人生の中で、常々言ってきたことです。

しかし、これまでは「売れる音楽を追求しなければ」とばかり考えてきましたが、それは間違いでした。ユーザーマインドに立てば、売り手が良くないと思う音楽も、古い音楽も、そして売れないと思う音楽も、メーカーの責任として、可能な限り提供するべきなのです。

その中にも、ユーザーを勇気づけ、感動させる音楽があるかもしれないのだから――。

音楽の送り手は、おごり高ぶってはいけない。これからのレコード業界に期待したいと思います。

山本健也、丸沢和宏インタビュー

若い個性が化学反応を生み出したCBS・ソニー

――お二人はCBS・ソニー入社直後からSD事業に携わったと聞きますが。

山本　学生時代からバンドをやっていたこともあって、音楽業界を目指していたんです。本書にも書かれているように、ソニーが実施するオーディションの実績が上がってくるにつれて人材の確保が急務となっていました。僕の場合はSD事務局と呼ばれていたころですが、新卒でそこに配属になったんです。稲垣さんはその時の上司です。

丸沢　僕はアルバイト入社で、最初は演歌の宣伝部門に配属されたんですが、一九八一年にSD事業部になった記憶があります。若いアルバイトにも新人の発掘をやらせてみようという会社の考えもあってオーディションの仕事に携わるようになりました。

――そのころのCBS・ソニーとは、どんな雰囲気の会社でしたか？

山本　強烈で個性的なメンバーが集まっていました。出身業界もバラバラでね。たとえとして微妙ですが「動物園みたい」な。

丸沢　ソニー・ミュージックエンタテインメントとして組織として確立する前でしたから。だからこそ、すさまじい化学反応を生み出せたんだろうね。ハウンド・ドッグの初代ディレクターだった加藤章治さんも強烈なキャラクターだったし。そんな個性的なメンバーを稲垣さんがとりまとめていた。

――SD事業を回していたのは若いスタッフたちだったんですよね？

山本　それまでの音楽業界はフォーク世代であって、ロック世代じゃなかった。僕自身、「ソニーにはロックがないじゃないか」と思っていましたし。これから世に出す才能を見つけ出すのは、ロックやポップスを聴いている世代に任せてみよう、という会社の考えがあったんでしょう。

丸沢　新星堂のロック・イン・コンテストに出ていたスライダーズ（現：ザ・ストリート・スライダーズ）を山本さんが見つけてきたことで、ソニーのロックの壁が開いた、って感じになったし、それが「新人発掘は若い世代に」のきっかけにだったんじゃないかな。

――CBS・ソニーオーディションはレコード会社が主催するコンテストとして画期的でしたね。

山本　アーティストにとってデビューへの道が開けるものでしたね。オーディションの趣旨もデビュー・アーティストを選考するものであって、グランプリ受賞者を決めるものではなかったですし。

丸沢　アーティストの発掘・育成こそが、レコード会社の存在理由だと考えていたからこそでしょうね。

埋もれた才能を見つける地方オーディション

――地方オーディションにもいち早く取り組んでいましたよね。

山本　僕は東京担当。丸沢君が関東甲信越担当でした。だから、別のエリアの話に詳しくはないけれども、とにかく担当地域のライブハウス、楽器店、開催されるコンテストにはくまなく足を運びました。

デビューへの登竜門のチャネルが少なかった時代、埋もれがちな〝眠っている〟才能にリーチするためです。

丸沢　広島のユニコーンやTHE東南西北、東北のハウンド・ドッグ、北海道の五十嵐浩晃とか全国から才能あふれるアーティストを発掘できたのは地方に目を向けライブハウスや楽器店と連携していたことが大きいですね。

また、地方のライブハウスや楽器店にとってもレコード会社主催のコンテストをそこで開催することで集客も見込める。アーティストにとってはレコード会社だけでなく大勢の観客の前で演奏できる、共存共栄の仕組みだったと思います。

――オーディションで逃してしまった中には、どんなアーティストの方が？

山本 Mr.Childrenの前身のバンドがオーディションに出ていたという話もあります。バンドで応募していたアーティストが、ソロや別のバンドで、他のレコード会社からデビューすることはありましたね。

丸沢 「ジャイアンツが一強の野球」みたいな考えは好きではないんですが、逆にデビューこそ別のレコード会社からでも槇原敬之君のように、ソニーに移籍してくれる例もあるしね。やはり、ソニーのブランドイメージは強いんだと思います。

八二年のSDオーディション

――本書の中には、オーディションに顔を出さなかった尾崎豊さんを丸沢さんが説得。ようやくオーディションを受けたというエピソードがあります。

丸沢　携帯電話もポケベルも普及していないころだったので、スタジオの電話から彼の自宅に電話をかけると、電話口の母親から「豊は友人と出かけて帰って来ていない」と言う。ギターを持って家を出てはいるんだけど、どうも途中で気が変わってしまったらしい。

深夜になってもいいから、僕に連絡するように伝言したところ、オーディションの一〇日を過ぎた深夜にようやく彼から電話があり、開口一番「自信がないんです」。

山本　その日のオーディションは僕の担当するエコーズも出演した時ですね。で、丸沢君がとにかく一一日に来いと説得した。

――八二年度のオーディションでは、尾崎さんとエコーズが最優秀アーティスト賞に選出されます。一一日の尾崎さんの演奏はどうでしたか？

丸沢「自信がない」は言い訳だな、と思いました。プレーヤーとして完璧に仕上がっているんですよ。たたずまいも完成しているし、一六歳の少年が、たった一本のギターで曲の世界観を表現してしまう。

山本　丸沢君「キャッチボールのつもりがマジで剛球を投げている感じだよね」と言っていたよね。

――ソニーのオーディションでデビューしたアーティストは打率が高いですね。

山本　ヒットだけでなく歌い継がれる曲を作るアーティストも多いですね。エコーズは一九九一年に解散してしまいますが、二〇〇〇年のドラマの主題歌に「ZOO」が起用されるとリバイバル・ヒットしますし。

丸沢　尾崎の「OH MY LITTLE GIRL」もシングルでリリースされたのは、収録アルバム発売から一一年後ですね。その後もドラマや映画の主題歌になり、今なお多くのシンガーにカバーされています。

FITZBEATレーベルとジャパニーズロック

――当時のオーディションの流れってどんな感じだったんですか？

山本　まずはテープオーディションからですね。春休みシーズンに募集を開始して、連休や夏休みにテープを作って応募してもらうイメージです。各地区で審査されるテープオーディションの締め切りが八月三一日で、これを通過した人が地区大会に進める。

丸沢　地区大会で決勝大会出場アーティストを選出して、東京で開催される決勝で入賞するとデビューの権利がもらえるんです。

――オーディションに合格したアーティストの振り分けも大変だったんですよね。

山本　ＥＰＩＣソニー側から「ＳＤ出身のアーティストか……」なんて声があがることもありましたが、ザ・ストリート・スライダーズ、バービーボーイズはＥＰＩＣからでした。
丸沢　バービーボーイズは応募テープのクオリティがすごく高かったことを覚えています。でも八〇年代頭も、まだＣＢＳ・ソニーはロックに弱かった。そこで立ち上げたのが「ＦＩＴＺＢＥＡＴ」でレベッカはこのレーベルのオーディションからデビューします。
――聖飢魔Ⅱも ＦＩＴＺＢＥＡＴレーベルでしたね。
山本　聖飢魔Ⅱはテープオーディションより前にライブを観たんだよね？
丸沢　パフォーマンスが面白くて。八四年のオーディションを受けてもらって入賞し、彼らは〝地球デビュー〟することになります。
――そして、ジャパニーズ・ヘヴィメタル、ヴィジュアル系ロックバンドという新しいジャンルを次々に切り拓いていくんですね。
丸沢　Ｘはわれわれと同じＳＤ事業部の津田さんが担当でしたね。八七年のオーデイションに出ていて。通常はソニーのオーディションって演奏は二曲で、演奏の持ち時間は一〇分なんだけど、彼らは三曲披露してくれて。
山本　尖っていてエネルギッシュなバンドでしたから。ロックがなかったソニーから、ずいぶん変わったんだなと感じますね。

その後もSDグループからは、ジュディ・アンド・マリーやポルノグラフィティ、近年ではKing Gnuを輩出しています。今後、どんな才能が出てくるのか気になりますね。

山本健也プロフィール

音楽プロデューサー。CBS・ソニー時代、ザ・ストリート・スライダーズやエコーズの発掘を担当。FITZBEATレーベルではレベッカ、聖飢魔Ⅱなどを手がける。BMGジャパンを経て、現在は株式会社ライブエグザムにて音楽ライブ、イベントの企画・制作を担う。

丸沢和宏プロフィール

音楽プロデューサー。CBS・ソニー時代、聖飢魔Ⅱをスカウト。フラワーカンパニーズを手がけるほか、サテュロス丸沢としてさまざまなアーティストの作詞を助力。退職後は株式会社トラッシュ・レコーズを立ち上げ現在に至る。

聞き手／編集部

第四章　尾崎豊「誕生」アネクドート

【特別対談】　川添象郎×稲垣博司

伝説の社交場キャンティにて

――お二人は、ともに一九四一年生まれ（川添さんが一月、稲垣さんが一二月）。日本の音楽業界の栄枯盛衰を知る重鎮同士の初対談が実現しました。

川添　お久しぶり。何年ぶりかな？

稲垣　二年ぶりくらいじゃないですか。

――この対談場所は、川添さんのお父上である川添浩史氏が、六〇年に創業した東京は飯倉片町（現：港区麻布台）にある、伝説のイタリアンレストラン「キャンティ」です。

川添　三〇年くらい前になるかな？　そのころ、僕の家内だった（小出）明子が、尾崎（豊）君の奥さんの繁美ちゃんと親友で。明子の紹介で初めて尾崎君に会ったのが、「キャンティ」だったんだよね。

稲垣　そうですね。

ここは「キャンティ族」と呼ばれる各界の著名人が足繁く通い、異文化交流をしていた大人の社交場という印象が強いんだけど、開店当初の「キャンティ」は、どんな雰囲気でした？

川添　店が出来た時に、最初のお客さまとしてやって来たのが、ペギー葉山さんとかジェリー伊藤さんでしたね。ほかにも、映画監督とか作家、音楽家、デザイナーなど各界の著名人、文化人……あと親父が（外務省の外郭団体である）「国際文化振興会」というところで仕事をしていた関係で、外国人も頻繁に出入りしていました。

稲垣　外国の著名人であれば、誰が？

川添　ある日の午後は、イヴ・モンタンというフランスの有名なシャンソン歌手と、シャーリー・マクレーンというアメリカの人気女優がご飯を食べていました。

稲垣　まるで、映画のワンシーンじゃないか⁉

川添　そんなところに大江健三郎さんが混じって、えらく難しい話を二人に吹っかけてましたよ。

稲垣　（笑）、脇役も豪華だ。

川添　確か、実存主義の話だったかな？　大江さんの英語の発音が厳しくってイヴもシャーリーも、きょとんとしていて（笑）。その横では、僕の義理の母で「キャンティ」を仕切っていた梶子と、フランスのファッションデザイナー、イヴ・サン＝ローランが芸術か何かの話で盛り上がってる。とにかく、外国人が多かった。

稲垣　話してる内容がわかる川添さんも、すごいね。

川添　また、別の席では、親父と作家の柴田錬三郎さんが、どこどこの店が旨いとか、バカバカしい話をしてる。わけのわからない空間でしたよ。

――「キャンティ」の人物相関図を作ったら面白そうですね。

川添　まったく、その通りで。そういう情景が、あのころの「キャンティ」の日常でした。

稲垣　六〇年には、すでに上京していましたが、三重県の四日市《よっかいち》で生まれ育った私からすれば、想像もつかない世界ですよ。

川添　マーロン・ブランド、カトリーヌ・ドヌーヴ……。思い出すと、いろんな人たちが来てました。日本人では、加賀まりこ、いしだあゆみ、小川知子、松任谷由実とか。おっしゃったように、大人の社交場でしたね。

稲垣　当時は「六本木野獣会」なんてグループもいてね。加賀まりこは「野獣会」じゃないよね？

川添　よく誤解されるけど、彼女は「キャンティ族」。「野獣会は田舎者の集まり」ってバカにしてました。
稲垣　さすがに、厳しいな（笑）。
川添　「野獣会」は、大原麗子とか井上順とか。小川知子は、両方に出入りしてたかな。

育った環境の違う二人の接点は〝音楽〟だった

――そのころ、大学を出た稲垣さんは？
川添　ナベプロ（渡辺プロダクション、現：ワタナベエンターテインメント）に入ったんだよね？
稲垣　新聞記者になろうと思っていたから、第一志望じゃなかったんですけど、自信満々で受けた新聞社の面接試験で落ちちゃったんですよ。グループディスカッションで。
川添　余計なこと言っちゃったんじゃないの？（笑）。
稲垣　（笑）、逆です、逆。新聞社を真剣に目指す猛者ばかりで、県人寮でのほほんと暮らしていた僕なんかは何も口を挟めなかった。で、もう一〇月だから受けるところがなくて、たまたま学校の掲示板に渡辺プロダクションの募集が貼ってあって、それで入ったんです。

川添　ある意味、苦し紛れだったんだ？
稲垣　（笑）、その通りです。六四年の四月に入社して。
川添　そこから、ＣＢＳ・ソニーに転職して？
稲垣　五年ほど働いたころ、たまたま誘いがあって、転職を決めました。レコード業界で何をやりたいのかわからなかったけど、とりあえず入ってから考えようと。
川添　それで、レコード業界のレジェンドになるんだから、すごいですよ。
稲垣　いえいえ、何をおっしゃいますか。

――稲垣さんは、三重県四日市市の出身で、地元の公立高校、四日市高校から早稲田大学第一文学部へ。一方の川添さんは、東京は南麻布の出身で、慶應義塾幼稚舎、慶應義塾中等部を経て慶應義塾高等学校に……という経歴になります。

稲垣　ラ・サール学園にも行ってたんでしょう？
川添　うちは両親ともデタラメだったから、高校一年生のころ、鹿児島にあるラ・サール高校に転校させられるんだよね。クラシックのピアニストだった母親（原智恵子）が仕事でヨーロッパに行くからって、全寮制の高校に無理やり入れられて。
父親も、国際文化交流事業の仕事で、ほとんど海外にいたから、心配だったんだろうけど。で、ある日、急に父親と母親が離婚して、しかも二人とも同時に再婚して（笑）。最終的に、父親から東京に呼び戻されて、和光（高等学校）を卒業するっていう。

稲垣　漫画のような人生ですよね。

――稲垣さんは、七〇年一月に、CBS・ソニーへ。同じ年、川添さんは、音楽レーベル「マッシュルーム・レーベル」を創立します（七七年にはアルファレコードを立ち上げる）。

川添　同じ年に転機が訪れたんだね。

稲垣　普通であれば知り合わない二人に、ようやく接点が。

川添　ここで音楽という仕事で交わって。

――「マッシュルーム・レーベル」は、どのような経緯で？

川添　そのころ、ミッキー・カーチスと内田裕也と、絵描きの木村英輝と「日本の音楽はダサいね、何とか俺たちでやろう！」って謳いあげてたの。で、「レコードを作ろう」ってなって。でも、誰も金を持ってないから、村井邦彦に電話してね。彼は、ビジネスに長けてるから。そうしたら「面白いね」って、すぐさまコロムビア・レコードと掛け合って、二〇〇〇万円を調達してきた。

稲垣　ものすごい交渉能力ですよね、村井さん。

川添　彼の類まれなる行動力には一目置いていたけど、さすがに驚きました。で、七一年一月に、ミッキーのプロデュースで、成田賢って、めちゃくちゃ歌がうまいシンガー・ソングライターのソロアルバム（「眠りからさめて」）を発表して。内田裕也は、ただのアジテーターだからクビにしてさ（笑）。

稲垣　（笑）、音楽の才能がありそうで、実はほとんどないんだよね。ただ、生き様はすごい才能だ。

川添　あと小坂忠《ちゅう》をやったりもしたんだけど、好き勝手やってるものだから、そのへんで資金が底をついて。最後にやけくそで作ったのがガロだったの。「学生街の喫茶店」が大ヒットしてさ。一〇〇万枚近く売り上げた。土俵際《どひょうぎわ》、「最後にやっと、うっちゃりが出ました！」って感じでしたよ（笑）。

稲垣　起こるんだよね、そういう奇跡的なことが。

川添　僕が書いた『象の記憶』（ＤＵ ＢＯＯＫＳ）って本を読んでもらうとわかるけど、そんなことばっかりですよ。

僕は尾崎豊を知らなかった

――そんな、対照的なお二人が深くかかわったアーティストが、尾崎豊でした。

稲垣　ソニー時代、エイベックス時代とほかのアーティストの仕事で川添さんとのかかわりは途絶えたことはなかったね。で、話を戻すと、ここ「キャンティ」で尾崎と出会って。

川添　その当時の家内、明子に紹介されたのが、最初でしたね。

稲垣　『アッコちゃんの時代』（新潮社）でしたっけ？　林真理子の小説で、主人公のモデルとなった。

川添　そうそう（笑）、明子が主人公で。僕をモデルにした登場人物も出てくる。

稲垣　尾崎との出会いは、どんな感じで？

川添　それが、紹介されたはいいけど、僕は、彼のことをまったく知らなかったの。「音楽をやっています」。「へー、そうなんだ」くらいの感じで。

稲垣　尾崎は、東京のカレッジ・フォークと言うよりも、どっちかと言えば、関西のアングラ・フォークの流れがあるから、川添さんは興味がなかったんですよ、きっと。

川添　よくご存じで（笑）。ああいうアングラな音楽が一番キライでしたから。あと、今であればラップね。……とか言って、二〇〇七年には、ＳｏｕｌＪａってラップ・ミュージシャンをプロデュースしたんだけど。

稲垣　いいミュージシャンじゃないですか。

川添　あの時は、常々メロディーがカラー写真だとすると、ラップはモノクロ写真だと思っていて。でも、この両方を組み合わせたら面白いことになりそうだなって、ひらめいたから、試しにちょっとやってみて。

稲垣　「ここにいるよ」（ＳｏｕｌＪａ feat．青山テルマ）は、大ヒットしたよね。

川添　ちょうど、佐藤博って才能のあるミュージシャンが、「自分のスタジオの経営が大変だ」って訪ねて来たから、「いい人がいた！」と思って。で、彼が連れて来た青山テルマに歌わせたのが、「ここにいるよ」で。幸いなことに売れてくれて。その流れから、アンサーソングを思いついて。

翌年の〇八年に「そばにいるね」（青山テルマ feat．ＳｏｕｌＪａ）を出した。この曲のダウンロード数は、八〇〇万超。「日本でもっとも売れたシングル」としてギネス世界記録にも認定されました。

稲垣　プロデュースした時は、七〇歳を超えてたんでしょう？　そこが、川添さんのすごいところだ。

川添　髪結いの亭主みたいなことをやってるわけにもいかないので、ちょっと働いてみました（笑）。

歌詞も曲もいいけど、音程は……

――本来は好きなタイプではない尾崎さんの歌の、どこを気に入ったのですか？

川添　まずは人間性、ですかね。礼儀正しいし、気持ちのいい青年だなと思ったから、連絡先を交換したんですよ。

稲垣　尾崎も、経歴なんかも含めて川添さんのことをリスペクトしていて。何だか妙に懐いていましたからね。

川添　で、「今度、僕の歌を聴いてくださいよ」って、しきりに電話してくるから「いいよ」となって。麻布十番にあったガラガラのカラオケ屋で聴かされたのが、有名な「I LOVE YOU」って曲で。熱唱してくれたんだけど、その曲も知らなかったから、「歌詞も曲もいいけど、音程はどうかな？」なんて、感想を言ったことを思い出しました（笑）。

稲垣　その時の話、尾崎から聞いたことがあります。

川添　そうしたら、次に会った時に、尾崎君からアルバムのプロデュースを頼まれて。ただ僕は、その頃、後楽園で期間限定のビア・レストランを作っていたので、一度は断ったんですよ。スペインに行ったり来たり、忙しかったので。

稲垣　キリンのビア・レストラン（キリンラガー・エスパーニャ）ですね。川添さんは、空間プロデューサーもやっていたから。

川添　でも、すごい勢いで「プロデュースしてほしい」と食い下がってくるから、コンセプトだけ決めることにしてね。ブルース・スプリングスティーンとかボン・ジョヴィのレコーディングを担当したエンジニアのラリー・アレクサンダーを呼んで作ったのが、「誕生」（九〇年一一月）っていう、二枚組のアルバムでした。

稲垣　ものすごく豪華なミュージシャンが揃っていましたよね。

川添　ところが、レコーディングが大変でね。尾崎君と、ギタリストのエディ・マルティネスとか、僕がブッキングした超一流のミュージシャンが喧嘩してるっていうじゃない？「尾崎とはやってられない、暴れるからイヤだ」って。

稲垣　尾崎のアップダウンが激しかったようですね。

川添　だから、スタジオに行って「何やってんだ、バカ野郎！」って、尾崎君のことを怒鳴りつけて。ミュージシャンにも「プロなんだから、ちゃんとやれ！」って言って、やっとのことでアルバムが出来上がって。

稲垣　（笑）、怒鳴られた尾崎は、どんな顔をしてました？

川添　しょぼんとしてましたよ、叱られた犬みたいに（笑）。

須藤晃が放った「尾崎をやってもらったら困る」

――そのほかに印象的なことはありました？

川添　ディレクターの須藤（晃）さんだっけ？　あの人に「尾崎のことをやってもらったら困る」とか、詰め寄られてさ。迷惑したよね。「こっちは、（尾崎）本人に頼まれたんだ、知らないよ！」って思ってたけど。

稲垣　（笑）、「これまで自分が尾崎をやってきた」っていう、プライドがあったんじゃないですかね？

川添　彼が尾崎君をやってたことも知らないし。会ったこともないのに、いきなり言ってくるから変わった人だなと思ったよ。そういうのもあって、尾崎君から「プロデューサーとして川添さんの名前をクレジットしたい」って言われたけど、断ったの。

僕は、スタジオ・ミュージシャンをブッキングしただけだし。ほかにもレコーディングでは、細かいトラブルもたくさんあったけど、楽しかったですよ。返す返すも、いい青年だったな。

稲垣　本当に、普通の青年でしたよね。尾崎が謹慎中、埼玉の朝霞の実家に帰った時に訪ねたことがあるんだけど、お母さんが「豊、豊！」って呼んだら、二階からふらりと降りてきて。ライブで、何万人もの観客を熱狂させるアーティストだとは到底、思えなかった。で、これからの話をして。その時に感じた直感だけど、マザーコンプレックスがあるんじゃないかと思ったな。

川添　それは、あったかもしれないね。

幻になった、尾崎豊プロデュース計画

――人としての尾崎さんは、どんな方でしたか？

稲垣　お父さんが自衛官で。厳しいご家庭で。お父さんのことは、ちょっと煙たかったんじゃないかな？

川添　男であれば、煙たく思うだろうね。そんなものじゃない？

稲垣　でも、ご両親の教育のおかげでしょうね。いろいろあったけど、常識人だった。

川添　ライブで見るのと違って、とにかく品のいい青年だったよね。「誕生」が発売された後も、「今後は、マネジメントも含めた僕のプロデュースをすべてやっていただけないでしょうか？」って挨拶に来てくれてさ。「ビア・レストランの企画が落ち着いたら一緒にやろう」って約束したのに、亡くなっちゃって。

稲垣　川添さんがプロデュースしたら、どうなっていたでしょうね？

川添　もし彼が生きていたら、二年間はライブや音楽活動を休止させて、少なくとも主演映画を三本は撮る。その主題歌だけは、彼が作る。一度、音楽とは違うこともやらせて。俳優としても成功させて、いろんなものを吸収させて、また音楽活動を再開させる。それは決めていました。

稲垣　俳優の話、チラッと聞いたことがありますね。

川添　これを尾崎君に伝えたら、すごく喜んでいるわけ。「僕、曲作るのが今、結構ツラくなっちゃって。若いころは、世の中に抵抗するような曲を作って、みなさん喜んでくれたけど、この歳でそれもないし。この先どうしようか、ちょうど考えていたところなんです」って言ってたから。

稲垣　そうですね。ストックが出尽くしちゃったかな。

川添　素顔は、ごく普通の、至って真面目な青年だから。一度、音楽から離れさせて、心に余裕を持たせたほうが、いい曲を作れると思って。あと、僕としては、ミステリアスな存在にさせたかったわけ。

稲垣　ミステリアスというと？

川添　ライブでイントレの上から飛び降りるとか、ギターを叩き壊すとか、そういうのじゃなくて、もっと洗練された大人の男として見せていく。音楽活動を休止している間は、映画だけに絞って、いろんなものをインプットしてほしかった。

稲垣　俳優としても、成功したんじゃないですか？

川添　ルックスが抜群によかったからね。

稲垣　演技する姿を見てみたかったな。

川添　それでいて、歌も歌う。

稲垣　福山雅治……いや、石原裕次郎クラスの大スターになっていたんじゃないかな。

川添　で、これは後日談なんですけど、ビア・レストランのオープニングの時も、わざわざ祝いに駆けつけてくれて。笑顔で「明日から一緒にできますね」って言うから「ああ、君のプロデュースを始めるよ」って改めて約束をした。その翌日に亡くなってしまって……。

稲垣　だから、最後に会ったのは、ひょっとして僕なんじゃないかなって、今でも思ってます。足立区の民家の軒先で、酔っぱらった傷だらけの尾崎が発見されて。本人にしかわからないけど、嬉しくて飲んじゃったのかな。

川添　約束をして、それを叶えられなかったことが悔やまれますよね。

あの後、尾崎と一緒に仕事をしていたら……

――訃報を聞いた時のことを覚えてます？

川添　うーん……。

稲垣　僕はね、「やっぱりな」と思いました。

川添　僕も、そんな感じかな。

稲垣　危なっかしいところがあったからね。

川添　ポルシェ・550スパイダーで激突死したジェームズ・ディーンじゃないけど、常に疾走して生きていたからね。二人とも、尋常じゃないスピードで人生を走り抜けたんだろうな。

稲垣　で、文京区の護国寺で追悼式をやって。四万人近くが集まって。これだけ人が集まることも、今後ないことだと思う。

川添　僕は、あまりに悲しかったから、明子を連れて、しばらく沖縄に行ってましたよ。沖縄でも〝あの後、尾崎君と一緒に仕事をしていたら、どうなっていたかな……〟と夢想していました。

――ちなみに、先ほどおっしゃっていた「三本の主演映画」は、どんな作品にするのか、決めていたのですか？

川添　もちろんです。一本目は、俳優としてジェームズ・ディーンの「理由なき反抗」みたいな青春映画を作って、映画スターにして売る。そういう戦略でいこうというイメージがありました。

稲垣　若き日の尾崎を描くわけですね。

川添　そう、「悩み多き青年の旅立ち」というようなコンセプトで、話を作ったらいいんじゃないかなって思っていて。で、二作目は、ロードムービー。旅する青年の話。三作目は、恋愛もの。自分で言っといて何だけど、見てみたかったですね。

――稲垣さんは、尾崎さんがもし生きていたら、矢沢永吉、中島みゆき、松任谷由実、サザンオールスターズに続く五番目の椅子に座っていたと思うと。

稲垣　そうですね。最初に彼の歌を聴いた時から、今後、二〇年、三〇年と活躍する逸材だと思っていました。

川添　そうなっていたと思いますよ。

稲垣　ただ、爆発的に売れたのは、彼の死後なんですよ。アルバムが、とんでもなく売れて（九二年五月二五日付のオリコンアルバムチャートでは、尾崎のアルバム六作が一〇位以内にランクイン）。尾崎が唯一シングルで一位を獲得して、自身最大のヒット曲となった「OH MY LITTLE GIRL」（九四年一月）が売れたのも、亡くなった後で。

川添　いわゆる〝ジェームズ・ディーン現象〟ですよね。何か通じるところがありますよね、二人は。

稲垣　生きているうちに、大ヒットするところを見せたかったですね。

川添　何にせよ、生きていたら、とてつもないスターになってましたよ。

――尾崎さんは、一七八センチと体格的にも恵まれていましたし、規格外のスターになっていた予感がしますね。

川添　ミュージシャンと俳優の二刀流だよね。

稲垣　さっき言った福山雅治とか、それ以外に、あまりいませんからね。いるにはいるけど、ちょっと小粒だし。

川添　俳優が主軸で、歌も歌うって人はいるけど。逆は、あまりいないよね。大谷翔平のようなスーパースターがいない。

稲垣　人生に〝たら・れば〟は禁物だけど、ついつい考えちゃいますよね。

川添　そうだね。それくらい、期待させるものがあったよね、尾崎豊というミュージシャンは。

（二〇二三年六月九日対談）

川添象郎プロフィール

一九四一年東京都生まれ。父はイタリアンレストラン「キャンティ」を創業し、国際文化事業で知られる川添浩史、生母はピアニストの原智恵子。明治の元勲、後藤象二郎を曽祖父にもつ。六〇年に渡米。舞台芸術とショービジネスをラスベガスで学ぶかたわらフラメンコ・ギタリストとしても活動。オフブロードウェイの前衛劇「六人を乗せた馬車」に参加し、世界ツアーを経験。帰国後、反戦ミュージカル「ヘアー」を始め、音楽と演劇を中心に数々のプロデュースを行なう。七七年、村井邦彦とアルファ・レコードを創設し、荒井由実、サーカス、ハイ・ファイ・セットをリリース。ＹＭＯのプロデュースでは、世界ツアーを成功に導き、日本を代表するポップカルチャーとして世界的存在に仕立て上げた。

聞き手／橋本達典

おわりに

今回の出版の話をいただいた当初、二〇一三年に上梓した『じたばたしても始まらない人生51勝49敗の成功理論』(光文社)で自身の仕事や人生を振り返ったこともあり、新しい本では小説か、あるいは改めて尾崎豊について書こうか考えていたのですが、小説が厳しい(売れない)ことや、尾崎についての本は数多あり、今さら掘り起こしても天国の彼が喜ぶことはないだろうと思い、テーマを変えました。

これまでのことを思い出す中で、私が伝えたいことはやはり、新卒の芸能プロダクション時代から考えていた「自社オーディションで新人の発掘をしたい」という思い、それを形にしたSD事業についてでした。それをアイドルの松田聖子、シンガーソングライターの尾崎豊、ヴィジュアル系という新たなジャンルを切り拓いたバンドX JAPANらのエピソードと織りまぜ、捉えたら面白いのではないか、と記憶を手繰り寄せ、かつての盟友、部下たちの証言を集め執筆しました。

多くの方々に協力してもらい完成した本書の最後に、CBS・ソニー時代からワーナー、エイベックスと私の秘書を務めてくれた佐野恵子さんからいただいたエピソードを紹介しましょう。


「バックオフィスでSD事業に携わっていた日々、出来事などを思い出しました。

SDでもっとも印象に残っているのは、本書にも登場する、尾崎豊さんのライブオーディションです。『今日来る予定の子、一人来ないね』とアルバイトスタッフたちと話した記憶があります。私は会場受付や制作ディレクターたちとの連絡役となっていたため、オーディション会場のスタジオ内で来場者の演奏を聴くことはまれなのですが、このときはたまたま耳にすることができたのです。『気どって水割り飲みほして……』と歌う尾崎さんの姿に聞き入るディレクターたち。私もその姿、声に息を呑みました。

SD事業とは、まさに〝普通の人〟がオーディションを経てデビューするまでのプロセスを見ていくのですが、一人の人間が〝何者〟になる瞬間に立ち会える喜び、だからこそアーティストを純粋に応援したいという醍醐味を味わえる――そんな仕事だと思うのです。デビュー直前の松田聖子さんの誕生日を応接室で祝ったこともありました。『デビューしたら、もっと大きいところで祝おうね』と笑い合ったことが懐かしく思い出されます」。

本書で名前を掲げさせていただいている方々を含め、私のこれまでの活動をささえてくださった多くの方々に、この場を借りてお礼を申し上げます。

また、私の片腕としてSDの骨格作りに尽力してくれた畑 享さん、アイドル部門の育成に献身してくれた室田知弘さん、現在秘書として私を支えてくれている西村容子さん、本書を執筆するにあたり私の記憶や当時の情報を整理して編集を進めてくださった橋本達典さん、エムディエヌコーポレーションの加藤有香さんに感謝申し上げます。

昭和から平成、令和へと音楽ビジネスの流れは、私が見てきた六〇年弱で大きな変化を遂げました。レコード、CDなどのパッケージメディアから配信へ、そして現在、レコードやテープに手を伸ばす若者が増えています。ライブ、生演奏といった原点回帰の傾向も強く感じます。

一方でアジアのアーティストの世界新進出についてはネット社会が日本よりも進んでいる韓国に負けている印象です。ＢＴＳを中心とするＫ－ＰＯＰはＳＮＳを最大限活用する戦略を取り、結果的にこれが大成功を収めました。日本人アーティストの世界進出は贔屓目で見ても大成功を遂げてはいません。けれども本書で述べたように、世界を視野に入れているＹＯＳＨＩＫＩや彼の想いをつなぐ若手がチャレンジし続けてくれるでしょう。

私は日本の音楽ビジネス、アーティストの底力を信じています。ソニーはＣＢＳ社を二七〇〇億円で買収することにより世界最大のレコード会社となりました。チャンスはどこにあるのか、チャレンジする才能をどう世に出し応援するか——そう思うと楽しみで仕方ありません。若い才能、そして日本の音楽シーンの可能性がより大きく開花することを願って、筆を置きたいと思います。

二〇二三年七月

稲垣博司

MdN新書
051

1990年《ねん》のCBS《シービーエス》・ソニー

2023年8月11日　初版第1刷発行

著　者　稲垣博司《いながきひろし》

発行人　山口康夫
発　行　株式会社エムディエヌコーポレーション
〒101-0051　東京都千代田区神田神保町一丁目105番地
https://books.MdN.co.jp/
発　売　株式会社インプレス
〒101-0051　東京都千代田区神田神保町一丁目105番地
装丁者　前橋隆道
編集協力　橋本達典
本文校正　新名哲明
DTP　三協美術
印刷・製本　中央精版印刷株式会社

カスタマーセンター
万一、落丁・乱丁などがございましたら、送料小社負担にてお取り替えいたします。
お手数ですが、カスタマーセンターまでご返送ください。

落丁・乱丁本などのご返送先
〒101-0051　東京都千代田区神田神保町一丁目105番地
株式会社エムディエヌコーポレーション　カスタマーセンター　TEL：03-4334-2915

書店・販売店のご注文受付
株式会社インプレス　受注センター　TEL：048-449-8040／FAX：048-449-8041

内容に関するお問い合わせ先
株式会社エムディエヌコーポレーション　カスタマーセンターメール窓口 info@MdN.co.jp
本書の内容に関するご質問は、Eメールのみの受付となります。メールの件名は
「1990年のCBS・ソニー　質問係」としてください。電話やFAX、郵便でのご質問にはお答え
できません。

Editor 加藤有香

ISBN978-4-295-20595-1　C0273